JOCHEN PEICHL

ROTE KARTE FÜR DEN INNEREN KRITIKER

JOCHEN PEICHL

ROTE KARTE FÜR DEN INNEREN KRITIKER

Wie aus dem ewigen Miesmacher ein Verbündeter wird

KÖSEL

MIX
Papier | Fördert gute Waldnutzung
FSC® C083411

Penguin Random House Verlagsgruppe FSC® N001967

2. Auflage 2025
Überarbeitete und erweiterte Neuausgabe 2024

in der Penguin Random House Verlagsgruppe GmbH,
Neumarkter Str. 28, 81673 München
produktsicherheit@penguinrandomhouse.de
(Vorstehende Angaben sind zugleich
Pflichtinformationen nach GPSR)

Umschlag: FAVORITBUERO, München
Umschlagmotiv: DeShoff / Shutterstock.com
Illustrationen: Jochen Peichl, Nürnberg
Satz: Satzwerk Huber, Germering
Druck und Bindung: CPI books GmbH, Leck
Printed in the EU
ISBN 978-3-466-34817-6

www.koesel.de

Aus meinem Poesiealbum:

Mach dem Vater keine Sorgen,
mach der Mutter keinen Schmerz,
denn du weißt nicht, ob schon morgen
du verlierst ein Elternherz.

Deine Cousine Jacqueline

INHALT

GELEITWORT ZUR NEUAUSGABE

Die Zeit vergeht und damit vergehen auch die eigenen Überzeugungen und Ideen darüber, was in der Psychotherapie für Klienten und Klientinnen hilfreich ist und was nicht. Ich frage mich: Bin ich heute ein anderer als früher? Was wird passieren, wenn ich ein Buch, einen Text, den mein jüngeres Ich vor zehn Jahren mit Überzeugung geschrieben hat, noch einmal zur Hand nehme und ihn mit meinem heutigen Denken und Handeln vergleiche? Ich will es Ihnen gerne verraten.

Zuerst einmal brauchte es etwas freundlichen Nachdruck meines Lektors vom Kösel-Verlag, Gerhard Plachta, dass ich mich mit der Idee, das Buch *Rote Karte für den inneren Kritiker* durchzusehen und gegebenenfalls zu ergänzen, überhaupt beschäftigen wollte – irgendetwas sträubte sich in mir wie ein Igel. Meine ganze Selbsterfahrung als Therapeut über viele Jahre hinweg wäre umsonst gewesen – und das viele Geld, sagte eine sparsame innere Stimme –, hätte nicht eine andere Stimme, die viel von Selbstreflexion hält, zu mir gesagt: »Was ist denn los, warum zickst du denn so rum?« Dadurch etwas eingeschüchtert, begann ich mir Gedanken zu machen und mein ungutes Bauchgefühl zu ergründen. Ich lauschte in mich hinein, während ich mir das Umschlagmotiv der Erstausgabe des Buches mit der Hand und der roten Karte anschaute. Aus den Untiefen meines Unbewussten förderte ich die Frage zutage: Was ist, wenn ich den Text über die fünf inneren Kritiker heute noch mal lese und ich bin dann ganz enttäuscht und würde am liebsten alles noch einmal neu schreiben? Ganz anders und natürlich viel besser. Um beim Thema zu bleiben: Der innere Perfektionist hätte es mal wieder geschafft, mir viele Vorwürfe zu machen – schrecklich.

Aus der Malerei weiß ich: Wann man den Pinsel weglegen sollte und das Gemälde als vollendet bezeichnet, ist eine Kunst für sich. Die Kunstgeschichte ist voll von Malern, deren Gemälde ununterbrochen bearbeitet wurden, ohne jemals wirklich fertiggestellt zu werden. Edgar Degas zum Beispiel war berüchtigt für die Überarbeitung von bereits ausgestellten Gemälden. Er war sogar dafür bekannt, dass er Werke von Käufern zurückverlangte, um sie zu korrigieren.

Nachdem ich über alles – auch über Herrn Degas – nachgedacht hatte, sich die verschiedenen inneren Stimmen wieder beruhigt hatten und ich wieder der Chef im Ring war, schrieb ich Herrn Plachta, ich möchte es wagen.

Mit diesem Buch möchte ich mich nicht in die Reihe der Autor*innen stellen, die mit einer Art Kampfmetapher den inneren Kritiker zum Schweigen bringen wollen. In meinem Konzept soll er auch nicht entmachtet, gezähmt und ich davon befreit werden. Heute denke ich, Sie als Leserin und Leser könnten die Metapher im Titel *Rote Karte für den inneren Kritiker* wie einen Platzverweis im Fußball bei groben Verstößen gegen die Regeln auffassen und der Spieler oder die Spielerin würde vom Platz gestellt und bestraft werden – so meine ich das aber ganz und gar nicht. Ich wollte mit der roten Karte »STOP« sagen und das ewige Spiel von Macht und Ohnmacht auf der inneren Bühne anhalten und zu verstehen beginnen, was da passiert, warum es passiert und wozu es passiert. Eigentlich geht es wertschätzend um die Botschaft des inneren Kritikers und die darin verborgenen Lösungsstrategien.

Das Ergebnis der Arbeit am Text von 2014 haben Sie, liebe Leserin und lieber Leser, nun vor sich: das Buch *Rote Karte für den inneren Kritiker* mit neuer Umschlaggestaltung, von mir durchgesehen, korrigiert und ergänzt. Ich bin sehr zufrieden damit, und ich hoffe, es macht Ihnen so viel Spaß zu lesen, wie es mir Freude bereitet hat, es nach zehn Jahren zu überarbeiten und mit frischen Ideen zu ergänzen. Diese Arbeit war halb so schlimm als vorher befürchtet, aber die inneren Kritiker, vor allem die inneren Perfektionisten, brauchen halt immer etwas, worüber sie sich echauffieren können. Warum das bei mir und Ihnen so ist, werden Sie gleich näher erfahren.

Jochen Peichl
Nürnberg/Gleisweiler 2023

VORWORT

Schön, Sie hier auf dieser Seite zu treffen! Hat Sie das Titelbild zum Kauf dieses Buches angesprochen? Ja ... nein ... weiß nicht? Na, vielleicht haben Sie gerade überlegt, ob es das wert war, dieses Buch zu erwerben. Nein ... aber war da nicht so eine kleine, feine Stimme, ganz weit hinten auf Ihrer inneren Bühne, kaum vernehmbar, die Ihnen eben vorrechnete, was Sie stattdessen hätten kaufen können? Okay, sei's drum – gekauft ist gekauft, jetzt sollten wir unser Zusammensein nutzen. Ich zumindest verspreche Ihnen, dass ich mich mächtig ins Zeug legen werde ... Sie müssen erst mal nichts weiter tun, als ruhig weiterzulesen, vielleicht mit einer schönen Tasse Tee und einer orangefarbenen Biomöhre zum Knabbern. Später habe ich noch ein Paar Übungen für Sie – falls Sie Lust darauf haben.

Wissen Sie eigentlich, dass ich Ihre Gedanken beeinflussen kann? Nein, das glauben Sie nicht? Na, dann passen Sie mal auf: Ich sage nur »Biomöhre« – haben Sie bemerkt, dass die Zeilen, die ich schreibe, die Bilder, die ich verwende, bei Ihnen im Kopf etwas auslösen? Und wenn es nur die Frage ist: »Gibt es auch andersfarbige Möhren als die orange-gelben vom Supermarkt um die Ecke?« Diese Zeilen, die Sie gerade lesen, sind die Schnittstelle zwischen Ihnen und mir – etwas moderner ausgedrückt: Dieses Buch ist das »Interface« zwischen meinem und Ihrem Gehirn. Ich sitze gerade – aus Ihrer Sicht in der Vergangenheit – in einem Zimmer, an einem Schreibtisch und versuche mich auf Sie zu konzentrieren, auf das, was Sie gerade brauchen, um Ihnen Lust zu machen, weiterzulesen – aus meiner Sicht wird das in der Zukunft sein. Ich überlege, was Sie erfahren und lernen wollen, und meine Gedanken, Gefühle, inneren Bilder und Körperempfindungen werden zu Worten, zu Sätzen und Seiten in diesem Buch, das Sie gerade lesen. In diesem – Ihrem Augenblicksmoment – treffen wir zusammen und Sie denken, ohne dass Sie es vielleicht bewusst wollen, meine Gedanken und lassen meine Bilder von der orangefarbenen Biomöhre in Ihrem Kopf entstehen. Sie kennen das doch: »Bitte denken Sie jetzt nicht an einen blauen Elefanten ...« – so schlüpfe ich in Ihren Kopf und veranstalte dort ein Bilderkino.

Etwas einseitig, der Strom der »Beeinflussung«, werden Sie vielleicht sagen, aber Ihnen bleibt ja die Möglichkeit, das alles ganz anders zu sehen, zu denken und zu fühlen – für mich wäre das okay. Sie können mir auch eine E-Mail unter innere.kritiker@gmail.com schicken und mir etwas von Ihren Gedanken zurückgeben oder, falls ich Sie genervt habe, zurückpfeffern – so 'ne Art kleiner Shitstorm mit dem Betreff »Biomöhre«.

Dieses Buch ist ein Vorschlag, wie man die Dinge mit den inneren Quälgeistern und Kopfbewohnern sehen kann. Ich verspreche Ihnen, ich werde mich bemühen, meine Ideen dazu aus der Rolle eines sogenannten Teile- und Traumatherapeuten in kleine, genießbare Häppchen zu zerlegen und sie Ihnen mit einem freundlichen Lächeln und etwas Augenzwinkern anzubieten. Was Sie damit machen, ist Ihre Freiheit. Ich werde versuchen, das Buch sozusagen auf Augenhöhe mit Ihnen zu schreiben. Ich werde mit Ihnen über die in den letzten Jahren in Deutschland sehr populäre psychologische Idee der inneren Selbstanteile sprechen, Sie zur Selbsterfahrung damit einladen und Ihnen immer eine »Privatvorlesung« anbieten, wo Sie als Einzige oder Einziger wie bei ARD und ZDF in der ersten Reihe sitzen.

Um das, was es hier geht und was schon im Titel des Buches steht, das sind Ihre und meine inneren Kritiker, die Fehlerzähler, Besserwisser und Miesmacher, die uns seit der Kindheit begleiten und sich auch in uns Erwachsenen als innere Stimme zu Wort melden. Diese Kritiker sind manchmal gut und helfen uns, verschiedene Fettnäpfchen zu vermeiden, manchmal sind sie aber auch nervig, anstrengend und zehren an unserem Selbstwertgefühl. Ich werde Ihnen eine neue Sicht auf die inneren Quälgeister vorschlagen und eine Gebrauchsanweisung, wie Sie mit ihnen umgehen und ihre geheimen Stärken nutzen können. In meinem psychotherapeutischen Verständnis heißt die Devise: Aus einer Truppe von nervigen inneren Kritikern eine hilfreiche Unterstützergruppe machen. Packen wir es an!

Postskriptum:
Ich verzichte weitgehend auf die »genderpolitisch« korrekte Unterscheidung der Endungen von Nomen, wenn entweder Männer oder Frauen gemeint sind – das meiste, was ich schreibe, trifft auf beide Geschlechter zu. Herrje, ... kaum hatte ich das letzte Wort geschrieben, ging innerlich das Gequassle los: »Das kannst du nicht machen, dass wird dir Ärger von den feministisch Gesinnten einbringen«, sagt der Allen-Rechtmacher. »Der Text sollte formal perfekt sein und sich keiner Kritik aussetzen«, sagt der innere Perfektionist in mir usw. Und wer siegt? Der Rebell mit dem Spruch des Tages: »Nö ... I do it my way!« – super, hat er von Frank Sinatra geklaut.

Jochen Peichl
Nürnberg 2014

UNSERE INNERE VIELFALT

Es ist sicher nicht zu abwegig von mir, wenn ich vermute, dass der Titel dieses Buches *Rote Karte für den inneren Kritiker* Ihnen gefallen hat – oder genauer gesagt, Sie konnten mit dem Thema etwas anfangen, sonst hätten Sie das Buch ja nicht gekauft. Ja, es geht um diese nervige, fiese Stimme in uns – diesen dauernden Besserwisser, der ständig etwas zu nörgeln hat. Sie kennen Ihre inneren Kritiker, Fehlerzähler, Miesmacher und Co. schon länger? Damit wir uns recht verstehen: Ich meine nicht die innere Stimme des Selbstzweifels in uns, die uns hilft, realistische Entscheidungen im Leben zu treffen, auch nicht das intuitive Bauchgefühl und schon gar nicht die meist ganz gesunde Selbstkritik. Ich meine die Stimme, die nie lobt, die auf uns herumhackt und uns das Gefühl gibt, wir seien für alles einfach zu doof, zu peinlich, zu unattraktiv usw.

Bei jedem von uns klingt die Melodie des Hintergrund-Chors im Kopf unterschiedlich. Mal laut, mal leise, mal schrill, mal sanft – aber meist unangenehm, als seien die inneren kritischen Stimmen ein Teil unserer Persönlichkeit, die den Fokus immer zielsicher auf unsere Schwächen, Fehler und Versäumnisse legen.

Bitte halten Sie jetzt einen Moment inne und stellen sich ein paar schwierige Situationen der letzten Wochen vor. Überlegen

Sie: Wie waren die Kommentare meiner inneren Saboteure? Waren es hilfreiche Belehrungen oder unfreundliche Anschuldigungen? Wie lautet der Wortlaut der Lieblingstiraden meiner heimlichen Kopfbewohner?

Um Ihnen die Formulierung zu erleichtern, hier ein paar mögliche Kommentare der inneren Kritiker mit hoher Treffsicherheit und Durchschlagskraft für den Absturz unseres sonst so gesunden Selbstbewusstseins:

»Du taugst nichts.« – »Aus dir wird nie was werden.« – »Mit dir hat man immer Ärger!« – »Du bist einfach nur blöd!« – »Du bist nichts wert.« – »Dickerchen!« – »Bohnenstange! – »Du bist durch und durch schlecht.« – »Du hast zwei linke Hände.« – »Das schaffst du nicht, lass es sein.« – »Idiot!« – »Arschloch!« – »Du bist schuld, wenn … krank wird!« – »Dazu bist du nicht geeignet.« – »Du bist unmöglich!« – »Blöde Kuh!« – »Deinetwegen sind andere traurig.« – »Du redest nur dummes Zeug daher.« – »Rede nicht dazwischen!« – »Eigenlob stinkt« – »Lass es stehen, du lässt es nur fallen.« – »Mit dir muss man sich schämen!« – »Wie kann man nur so dumm sein!« – »Feigling!« – »Ruh dich nicht auf deinen Lorbeeren aus.« – »Warum kannst du nicht normal sein?« – Werde erst mal groß, dann …« – »Du bist böse.« – »Du bist das schwarze Schaf deiner Familie.« – »Das schaffst du doch nicht.« – »Du machst dich lächerlich.« – »Alles, was du anfasst, geht daneben!« – »Du bist ein Tollpatsch!« – »Du bist an allem schuld.« – »Du machst nur Mist!« – »Du machst allen Schande.« – »Du bist faul.« – »Du bist und bleibst ein Versager« …[1]

Und – sind Sie an einer Formulierung hängen geblieben, war da was Bekanntes dabei? Überraschend ist die Vielfalt, mit der wir uns selbst fertigmachen können; es gibt nichts, was nicht besser, schneller, perfekter und klüger gemacht oder unterlassen werden könnte. Da fragt man sich schon, ob der innere Kritiker nicht eine zwar genaue, aber völlig überzogene, unrealistische Vorstellung davon hat, wie wir sein sollten, was wir dürfen, was wir nicht dürfen oder eben nicht, was und wer wir sein sollten. Es klingt, als wollte er (wo ich »er« schreibe, könnte auch immer »sie« gemeint sein) aus uns Supermänner und Superfrauen machen, damit ein für alle Mal Ruhe ist da im Oberstübchen: alle Vorgaben erfüllt, alle Macken beseitigt, eine glänzende Performance. Und wenn es auch noch so fies ist, was er uns ins Ohr träufelt, irgendwo, da ganz hinten im Kopf, befürchten wir, er könnte recht haben.

Der innere Kritiker diskutiert nicht, er lobt nicht – aber er will immer das letzte Wort haben, er ist von sich völlig überzeugt – ein Fiesling eben. Wäre er ein Arbeitskollege, würde es sich lohnen zu überlegen, ob es nicht nervenschonender wäre, den Typen oder die Tussi wegzumobben oder selbst den Arbeitsplatz zu wechseln. Diese Lösung wäre für das Problem »innerer Kritiker« durchaus bedenkenswert, sie lässt sich aber aus rein anatomischen Gründen leider nicht realisieren – wir leben halt alle mit unseren inneren Selbstanteilen unter einem (Schädel-)Dach und von Fällen eines gelungenen Exorzismus habe ich bisher noch nicht gehört.

Bevor wir uns Gedanken dazu machen, wie die inneren Kritiker und ihr Gefolge in uns entstanden sind, wie die Herrschaften den Moral- und Normenthron in unserem Dachstübchen besteigen konnten und warum wir das überhaupt alles zulassen und ertragen, ein gut gemeinter Vorschlag aus der Zauberkiste der Psychotherapie: Wir tun uns leichter mit den inneren Stimmen, wenn wir versuchen, sie zu personifizieren, das heißt anzunehmen, sie kämen von einer »Person«, einer »Gestalt« auf unserer inneren Bühne. Natürlich gibt es da keine »Mini-Persönlichkeiten« in uns und es gibt im Kopf auch keine echten »Kopfbewohner« und keine inneren Kinder, aber wir können uns unser Innenleben einfach mal als Theaterbühne vorstellen, bevölkert mit verschiedenen Selbstanteilen, in Form von Rollenpersonen. Das ist ein wesentliches Element der Teile-Therapie. (Wenn Sie sich dafür näher interessieren, dann empfehle ich Ihnen mein Buch *Jedes Ich ist viele Teile*, erschienen ebenfalls im Kösel-Verlag.)

Wenn ich im Titel dieses Buches von inneren Kritikern und Miesmachern spreche, dann können Sie sich jetzt spontan vorstellen, wie solche Personen auf einer Bühne aussehen würden, die diese Namen zu Recht tragen. Und wie lauten die Tiraden und ätzenden Bewertungssätze genau, die Sie wie von einer Schallplatte mit Sprung in Ihrem Kopf immer wieder hören?

Dazu schlage ich vor, dass Sie den Test »Ihre inneren Kritiker« am Ende des Buches machen und den Test laut der mitgelieferten Anleitung auswerten. Dann bitte nicht in tiefes Grübeln verfallen, sondern mit dem Ergebnis wieder hier auf die Seite zurückkehren.

Während Sie sich jetzt Kugelschreiber oder Bleistift holen und sich mit dem Test beschäftigen, mache ich einen Moment Pause.

Pause – Pause – Pause …

Sie sind wieder da!? Gut, dann kann's weitergehen.

DAS TEAM DER INNEREN KRITIKER

So – jetzt wissen Sie schon mal, mit wem Sie es zentral auf Ihrer inneren Bühne zu tun haben und wie die Herrschaften heißen. »Herrschaften« scheint mir eine ganz gute Bezeichnung für diese inneren Quälgeister zu sein – für den Eindruck, den sie versuchen, uns zu vermitteln: Sie seien etwas ganz Besonderes, wüssten viel besser, was gut ist für uns, und seien uns immer eine Nasenlänge voraus. Die meisten von uns haben mehrere dieser inneren Kritiker – und jeden dieser Kritiker treibt eine andere Motivation und jeder benutzt eine andere Strategie, um unser ganz persönliches Tun und Lassen zu protokollieren und zu kommentieren. Wir haben da so eine Art inneren TÜV in uns – die einen Kritiker haben unseren Leistungsbereich im Auge, die anderen sind damit beschäftigt, uns zu ermahnen, doch gefälligst ein guter und vor allem unauffälliger Mensch zu sein, wieder andere sehen jeden kleinen Fleck auf dem Pullover und wieder anderen geht's nicht schnell genug usw.

Ich bin davon überzeugt, dass es interessant und auch nützlich wäre, die einzelnen Innenteile vom Team »Vertrauen ist gut, Kontrolle ist besser« einmal näher kennenzulernen. Machen Sie es sich bequem, ich stelle Ihnen die Herrschaften nachfolgend vor. Ich werde jetzt einen nach dem anderen bitten, auf die Bühne zu kommen, um uns etwas über seine Rolle, seine Funktion und seine Absichten zu erzählen. Wenn der Teil will, kann er ein paar Sprüche und Tiraden aus seinem Kritikerrepertoire zum Besten geben, und Sie prüfen, ob Sie davon etwas von den eigenen Innenstimmen wiedererkennen. Ich werde aber auch etwas über die Vor- und Nachteile der jeweiligen Herrschaft sagen, sodass am Ende eine Art Steckbrief dieses Teiles entsteht, den Sie sich in Ihrem seelischen Innenraum an die Pinnwand heften können.

Fangen wir mit der Gegenüberstellung der üblichen Verdächtigen an. Ihnen würde ich raten, gut geschützt durch den Einwegspiegel zu schauen – Sie können sehen und hören, ich bin bei Ihnen, aber sie bleiben auf Distanz zu diesen Fieslingen.

DER KONTROLLEUR

Da steht die Person auf der Bühne: die Arme vor der Brust verschränkt, eine verkrampfte aufrechte Haltung, monotone Stimme – irgendwie ein cooler Typ, aber man merkt: Das oberste Ziel ist es, kontrolliert zu sein und vor allem zu bleiben. Mr./Mrs. Be Strong! ist ein starker Typ, der nach der Devise denkt und lebt: »Du bist nur okay, wenn du immer stark und unangreifbar bist«. Nicht nur, dass jede Ungeschicklichkeit der Motorik kontrolliert werden muss, es kommt noch schlimmer: Gefühle in die

Gefriertruhe, immer die Ruhe bewahren und emotionale Regungen und Stimmungsschwankungen nicht zeigen. Diese inneren »Sei-stark!«-Aktivisten versuchen uns mit Sätzen wie »Ein Junge weint nicht!« oder »Sei kein Warmduscher!« zu großer Selbstständigkeit, Abgeklärtheit und Autonomie zu erziehen, aber das hat seinen Preis: Dieser Aufruf zum Heldentum, zum Vorbild-Sein macht einsam und schneidet uns von unseren weichen und verletzlichen Seiten ab.

Die Aufgabe des inneren Kontrolleurs ist es, uns vor Scham und Zweifel zu schützen, Gefühle, die wir aus der Frühphase unserer Kindheit gut kennen, als wir noch sehr ungeschickt waren und erst lernen mussten, unsere Motorik und Ausscheidungsfunktionen (Blase und Darm) zu kontrollieren. Um alles genau zu sehen und um alles bis ins Detail kontrollieren zu können, benutzt er eine Vergrößerungslupe, der kein Fitzelchen entgeht.

Zum Arbeitsmaterial des inneren Kontrolleurs gehört die Liste der Verordnungen und Betriebsvorschriften, wie die Dinge zu sein haben und wie sie ausgeführt werden müssen, damit ein höchstmögliches Maß an Autonomie erreicht und Scham um jeden Preis vermieden werden kann. Würde der innere Kontrolleur einer Abteilung in unserem Biocomputer vorstehen, so wäre er Leiter der Abteilung für das Regelwesen und Verordnungen – dort, wo man weiß, wie Leben geht. Dieser »Kontrollier-dich«-Antreiber setzt die Menschen in seinem Umfeld, mit denen er zu tun hat, gehörig unter Druck, weil es scheinbar ständig um Kampf, Kontrolle und Überlegenheit vs. Unterlegenheit geht. Das schafft Misstrauen, ängstliche Vorsicht und Gegendruck bei den Mitspielern, worauf der innere Kontrolleur mit der Verstärkung seiner Überlebensstrategie antwortet. Ein Teufelskreis kann entstehen.

DER PERFEKTIONIST

Keine Leistung ist gut genug, dass sie nicht noch besser sein könnte, kein Grashalm gerade genug, dass man nicht an ihm herumschneiden müsste – ein ständiges Streben nach Fehlerlosigkeit und nach höchstem Einsatz. Um das zu erreichen, braucht es Leistungsbereitschaft, sorgfältige Vorausplanung und Betrachtung aller Dinge aus verschiedenen Perspektiven. So jemandem können wir bedenkenlos unsere »Sicherheitsabteilung« in unserem Gehirn anvertrauen. Seine Rolle ist es, Risiken im Leben zu vermeiden sowie uns vor Fehlern und Schuldgefühlen zu schützen. Mit der Botschaft »Mach bloß keine Fehler« versucht er uns für sein wichtigstes Ziel zu begeistern: immerwährende Fehlerlosigkeit.

Auf der Bühne vor uns steht eine Gestalt, die eher kühl, rational, überlegt wirkt und ihre Gefühle verbirgt. Wenn Sie auf ihre Gesten schauen: Sie benutzt viel die Finger – zum Aufzählen, was alles bedacht werden muss – eins, zwei, drei usw. –, und um auf etwas zu weisen und die Komplexität allen Handelns zu betonen. Dabei redet der Perfektionist etwas gewichtig und nervt manchmal durch überdetaillierte Schachtelsätze, wobei er nicht auf den Punkt kommt. Die Gestalt hat was von Herrn oder Frau Zwängli – wenn Sie die kennen. Nein? Dann schauen Sie sich mal den Film *Besser geht's nicht* mit Jack Nicholson an.

Das ist die Lieblingstirade von Mr./Mrs. Perfect: »Du bist nur in Ordnung, wenn du perfekt, das heißt fehlerlos bist.« Hören Sie da auch die psychologische Abwertung heraus: Wenn ich nicht perfekt bin, bin ich nicht in Ordnung ... also etwas doof, unwichtig oder peinlich. Nicht sehr nett.

Jetzt stellen wir uns einmal vor, Mr./Mrs. Perfect übernimmt den Laden und organisiert unser soziales Leben und unsere Bemühungen um absolute Perfektion würden Früchte tragen. Ich weiß nicht, ob er/sie dann von seinem/ihrem Gegenüber so dafür geliebt werden würde: Er/sie vermittelt immer den Eindruck, er/sie könnte und tut alles perfekt, hat immer alles im Voraus bedacht und hat über alles Kontrolle. Der Gesprächspartner bekommt dann den Eindruck, er sei nicht gut genug und den Ausführungen von Mr./Mrs. Perfect sei eh nichts hinzuzufügen. Also zieht er sich zurück, weil er sich überflüssig vorkommt. Und nun entsteht etwas Paradoxes: Die Lösung des Problems, mehr Anerkennung zu bekommen, wird zur selbst gebauten Falle.

Lassen Sie mich das Ganze an einem Beispiel erklären: Peter hielt sich für nicht besonders liebenswert und glaubte, für andere nicht von Interesse zu sein. Er hatte gelernt, auf die Stimme seines inneren Perfektionisten zu hören, der unablässig murmelte: »Nur wenn du es schaffst, keine Fehler zu machen, wirst du von anderen geachtet und geliebt.« Peter hatte sich immer mächtig angestrengt, seine Normen zu erfüllen, war immer makel- und fehlerloser geworden, aber der Erfolg im Freundeskreis blieb irgendwie aus. Der Wunsch, Anerkennung für Leistung zu bekommen, funktionierte zum Teil im beruflichen Kontext, aber nicht in nahen Beziehungen: Wer möchte schon mit jemandem zusammen sein, der einem immer das Gefühl gibt: »Ich bin nicht genug und kann dem anderen eh nicht das Wasser reichen«? Bei Peter führte der Perfektionismus zu noch mehr Einsamkeit und

Isolation, was in den Teufelskreis mündete, sein Perfekt-Sein immer noch weiter zu steigern.

DER ANTREIBER

Im Englischen nennt man so einen Antreiber einen »People Pusher« – einen, der mir suggeriert, dass ich im Leben das »Wesentliche« nicht verpassen würde, wenn ich mich nur beeile, wenn ich mir für mich selbst weder Raum noch Zeit gebe. Dieses »Beeile dich, um nichts zu verpassen« wird zum allgemeinen Prinzip und das Leben gleicht einem Hundertmeterlauf. Ständig ist mir einer im Nacken mit Peitsche und Megafon. Der, der da vor uns auf die Bühne gekommen ist, ist ein Hektiker, er macht alles schnell, schnell und viele Dinge zur gleichen Zeit. Dabei stehen nicht die Sorgfalt und die Qualität des Ereignisses im Vordergrund seiner Aufmerksamkeit, sondern der Stolz, dass alles eiligst erledigt wurde, um sofort zum nächsten zu rasen. Sein Gefühl von Minderwertigkeit versucht er durch seinen Fleiß und sein Höher – Schneller – Weiter um jeden Preis zu vermeiden.

Der Lieblingssatz von Mr./Mrs. Hurry ist: »Beeile dich, dann kannst du noch mehr schaffen!« Ihm können wir in unserer Betriebsorganisation des Gehirns unbedenklich die Rolle des Produktionsleiters oder des Einsatzleiters unserer Task Force anvertrauen, er ist für die reibungslose Aufgabenerledigung zuständig, unser innerer Arbeitgeber. Er fürchtet Unterlegenheit und Minderwertigkeit, Stillstand und hat eine Lieblingsbeschäftigung: Er schreibt To-do-Listen.

Wenn wir ihm einmal genau zuschauen und auf seine Gesten achten: Wir sehen Finger trommeln, Füße scharren, hastiges Umhersehen, aufgeregte, zappelige und schnelle Bewegungen, einen unruhigen Blick, oft auf die Uhr schauen – eine Art gestresster Manager, der seine Arbeiter am Fließband anfeuert. Denken Sie an die Szene mit Charlie Chaplin im Film *Moderne Zeiten*, wo das Fließband immer schneller läuft und Chaplin mitzuhalten versucht und in seinen Bewegungen zu einem entseelten Automaten wird.

DER ALLEN-RECHTMACHER

Die Sehnsucht nach Anerkennung durch andere und die Angst vor Ablehnung machen es dem inneren Rechtmacher schwer, Nein zu sagen und sich von den Forderungen anderer abzugrenzen – sein Lieblingssatz ist: »Ja ... selbstverständlich«. Wenn wir uns ihn auf der inneren Bühne vorstellen, dann fällt seine Geste des Kopfnickens als permanenter Zwang zur Zustimmung auf, seine eher bittend vorgestreckten Hände, seine gewinnende Art und seine Marotte, die letzten Sätze des Gegenübers beflissentlich leise zu wiederholen.

Mr./Mrs. Please Me! ist ein total netter Mensch, der auf die Wünsche und Vorstellungen anderer gerne und bereitwillig eingeht, ja sogar versucht zu erraten, was den anderen gerade umtreibt. Er liebt die Harmonie und vermeidet durch sein Lebensprinzip Streit und Konfrontation und schützt sich so vor der

Angst, verlassen zu werden und alleine zu sein in einer Welt, die ihn ängstigt. Dabei versucht er immer gut gelaunt und in seiner grenzenlosen Hilfsbereitschaft unerschütterlich zu bleiben. Die eigene Meinung hält er zurück, um nicht in Widerspruch zum Gegenüber zu geraten, denn das könnte ja zu Streit und Zwietracht führen. Seine wichtigsten Mitteilungen sind: »Was sollen denn die Nachbarn über mich denken?« oder »Du bist nur okay, wenn du es den anderen immer recht machst«. Auch wenn Herr »Sei gefällig« bei den Mitmenschen sehr beliebt ist, so bekommt er dennoch nicht den Respekt und die Anerkennung, die er sich wünscht – es ist halt ein Unterschied zwischen beliebt sein und anerkannt sein.

Das Problem für die anderen ist, dass der Rechtmacher zum einen durch seine Unabgegrenztheit und dauernde Zustimmung keine rechte Kontur erkennen lässt, an der man sich orientieren oder auch mal reiben kann. Zum anderen schafft er durch seine Art eine Nähe und Bezogenheit, die oft als persönlich unpassend und als zu nahe erlebt wird. Wenn man mit solchen Menschen versucht zu diskutieren, hört man oft: »Okay, ja schon ... ich möchte doch nur ... bitte verstehen Sie mich recht ...« Wenn sich daraufhin das Gegenüber aus dem Kontakt zurückzieht, um der Vereinnahmung zu entgehen, kann das die Tendenz des Rechtmachers verstärken, noch liebenswürdiger zu versuchen, dem anderen alle Wünsche von den Augen abzulesen.

DER BE- UND VERURTEILER (RICHTER)

Es ist etwas Unnahbares und Vorwurfsvolles in der Gestik des inneren Be- und Verurteilers, wie Mr./Mrs. Nasty da auf der Bühne steht: abwehrende Körpersprache, geballte Faust, steifer Nacken und angespannte Schultern und vor allem: ein abschätziger Blick. Er vermittelt einem: »So wie du bist, bist du wertlos, enttäuschend und nicht liebenswert ... Du bist eine Null ... nicht attraktiv und nicht cool!« Er beobachtet alles, was wir sagen oder tun, und versucht uns dazu zu bringen, alles noch besser, aufwendiger und engagierter zu machen – am besten gleich mit vorauseilendem Gehorsam. Er drängt uns dazu, uns ständig mit anderen zu vergleichen, mit deren Schönheit, Intelligenz und Beliebtheit. Sein letztendliches Ziel ist es, all die Impulse in uns zu unterdrücken, die möglicherweise von außen durch andere unter Druck geraten könnten. Häufig fühlt sich Mr./Mrs. Nasty als der eigentliche Herr im Haus unserer Persönlichkeit, der mit seinem wachsamen, kritischen Verstand besser in der Lage zu sein glaubt, die Gefährlichkeit der Welt richtig einzuschätzen, als es das Erwachsenen-Selbst eines Menschen meint tun zu können. Hatte der innere Be- und Verurteiler Kontakt zu religiösen Kreisen, dann ist er auch für den Moralkodex zuständig und führt das Sündenregister.

So werden wir für uns selbst zu einer ständigen Herausforderung, mit dem Nachteil, dass ein zu mächtiger innerer Beurteiler uns immer häufiger davon abhält, die Dinge zu tun, die wir wirklich wollen, denn wir fühlen uns schon im Vorfeld durch seine Dauerkritik unfähig, entmutigt und völlig dämlich, ganz wie mit zwei linken Händen. Wenn der innere Verurteiler sich auf unsere Mitspieler einschießt, dann übernimmt er die Rolle des inneren Richters oder Staatsanwalts. Dann setzt er sich den Richterhut auf, deutet mit dem Finger auf andere und fällt die »Werturteile« mit dem Holzhammer.

Ganz allgemein können wir über den Be- und Verurteiler sagen: Das Kritisieren, Entwerten, Vergleichen und Kleinmachen dient bei ihm dazu, jeder Art von seelischem Missbrauch durch andere zuvorzukommen, indem er innerlich so attackiert, bis uns alle Lust auf Lebendig-Sein vergangen ist. Dieser Kritiker sieht am ganzen Achilles immer nur die Ferse.

Und noch etwas muss über den Be- und Verurteiler, den inneren Richter gesagt werden: Wenn alle seine Kritikerkollegen einen silbernen Sheriffstern tragen – ihm gebührt der goldene Stern. In der Riege der Sheriffs steht er auf einem kleinen Podest: Er ist der Chef im Ring. Er krittelt nicht nur an einer unserer menschlichen Eigenschaften herum – unkontrolliert sein, die Aufgaben nicht gut genug machen, sich zu viel Zeit lassen usw. – nein, er geht aufs Ganze: »Du bist nichts wert!«, »Du bist ein Totalversager, eine Nullnummer!«, »Du bist böse!« ... Das geht ans Eingemachte und stellt uns als Mensch infrage. Er kann die Rolle des Vollstreckungsbeamten einer »Sei-nicht-Botschaft« haben, die uns im Mark treffen kann.

Wenn Sie nicht genau wissen, was ich meine, empfehle ich Ihnen einen DVD-Abend mit dem Filmklassiker *Der Prozess* nach dem gleichnamigen Roman von Franz Kafka mit dem jungen Anthony Perkins als der beschuldigte Josef K. Genau das ist die Atmosphäre, in der wir uns als hilfloses Opfer einer anonymen Macht fühlen.

Warum das so ist, warum der innere Richter in vielen von uns so eine Sonderstellung hat, werde ich später erklären. Wie das innerlich meistens erlebt wird, zeigt diese Karikatur:

Das sind die wichtigsten Protagonisten der Mannschaft der inneren Kritiker – sozusagen die Prototypen der inneren Saboteure –, mit denen wir uns in diesem Buch weiter beschäftigen wollen. Ich bin aber davon überzeugt, dass es bei vielen von uns noch Spezialanfertigungen von inneren Kritikern gibt, die viel mit der eigenen Lebensgeschichte zu tun haben. Wir gehen in der Psychotherapie davon aus, dass hinter allen inneren Kritikern negative Glaubenssätze[2] stecken, die wir im Laufe unseres Lebens, vor allem in der Kindheit, erworben haben. Sätze wie »Du musst dich anpassen, um gemocht zu werden« oder »Du bist nie gut genug« kennen Sie schon, aber für das Denken, Fühlen und Verhalten gibt es eine große Bandbreite von inneren Stimmen mit Spezialauftrag. So bin ich im Laufe der Therapiegespräche auch auf Schuldgefühlmacher getroffen, habe mich mit inneren Moralisten unterhalten, mit den inneren Schwarzmalern, Zweiflern, Dauerpessimisten und Saboteuren. Eines hatten sie alle gemeinsam: Der IST-Zustand des Menschen, in dessen Kopf sie wohnten, entsprach nicht dem zu erreichenden SOLL-Zustand, den der innere Kritiker einforderte – und dadurch entstand das Problem.

Das ist eigentlich ganz spannend und wird Sie zuerst vermutlich verwundern: Aus hypnosystemischer Sicht gibt es kein Problem an sich. Damit für mich eine Situation eintritt, die ich als Problem empfinde, muss es einen von mir wahrgenommenen und negativ bewerteten IST-Zustand geben und einen SOLL-Zustand, den ich als erstrebenswert und hilfreich bewerte. Dazu muss ich mich mit den Tiraden des inneren Kritikers identifizieren. Es ist die Art und Weise der Bewertung, der Beziehung usw., wodurch irgendein Phänomen zum Problem wird. Wird ein »Problem« erlebt, drückt dies die gerade gestalteten Wahrnehmungsprozesse und Konstruktionen von »Realität« aus, die der Beobachter tätigt, der das »Problem« erlebt (bewusst und unbewusst, willkürlich und unwillkürlich) – und dazu brauchen wir einen inneren Kritiker. Dazu später mehr – jetzt aber zurück zu den »glorreichen Fünf«.

Einmal zeigen sie sich uns mehr in einer männlichen Gestalt, manchmal mehr in einer weiblichen Variante. Sie werden sicher den einen oder anderen dieser Herrschaften beim Vergleich mit sich selbst wiedererkannt haben und an die innige, aber auch leidvolle Verbindung denken, die Sie seit Jahren zu ihnen aufgebaut haben. Ich vermute, dass Sie sich zum einen wundern, warum wir alle so hartnäckig diesen inneren Saboteuren ausgeliefert sind, und zum anderen nach Wegen suchen, ein bisschen mehr inneren Abstand zu bekommen, um sich von deren Forderungen, Mahnungen und Entwertungen nicht mehr so in die Ecke drängen zu lassen.

Ich möchte Ihnen vorschlagen, dass wir uns in den nächsten Kapiteln vor allem mit zwei Fragen auseinandersetzen:

1. Wie und warum sind diese inneren Fehlerzähler, Kritiker und Saboteure im Laufe unseres Erwachsenwerdens entstanden?
2. Und wenn sie schon mal da sind: Wozu gibt es diese überhaupt – haben sie irgendeinen Zweck, eine Funktion und steckt in ihnen so etwas wie eine »gute Absicht«?

Sie könnten sich jetzt ein paar psychotherapeutische Fachbücher besorgen und etwas über »Über-Ich« und »Introjektion« in einer »Einführung in die Psychoanalyse« nachlesen oder etwas über den »Eltern-Ich-Zustand« bei den Vertretern der Transaktionsanalyse oder über »Kritiker-Ego-States« in einem Buch über »Teiletherapie« erfahren. Wenn Ihnen das zu mühsam ist, dann bleiben Sie einfach hier und verfolgen eine Privatvorlesung zum Thema »Jedes Ich ist viele Teile«.

PRIVATVORLESUNG 1: JEDES ICH IST VIELE TEILE

Die menschliche Persönlichkeit ist keine Einheit, obwohl sie uns normalerweise als eine solche erscheint. Auch in meiner Psychotherapieausbildung habe ich lange im Glauben gelebt, unser Selbst, unser Ich, sei ein unzerteilbares Ganzes, ein kompakter Zentralkern, wie ein Atom vor der Entdeckung der Quarks, der Leptonen und Baryonen – das Ich als unzerstörbares Gravitationszentrum unserer Persönlichkeit. Ich stelle bewusst die anthropozentrische[3] Idealkonzeption des einheitlichen, widerspruchsfreien »Ich« (oder »Ego«), welche bereits seit der Antike, spätestens seit der Renaissance in Europa galt, infrage. Sie wird aus meiner Sicht in keiner Weise dem Wesen der Wirklichkeit (des Menschen wie der Welt insgesamt) gerecht.

Heute weiß ich, dass das bisher so griffige Kompaktmodell des Selbst eine falsche, in der christlichen Tradition des Denkens entstandene, Vorannahme über uns selbst ist, die auch von den neueren Befunden der Hirnforschung vehement angezweifelt wird. Wir sind kein »In-Dividuum« (wörtlich übersetzt: Nicht-Teilbares), sondern unser aller Persönlichkeiten sind in verschiedene Segmente gegliedert. Wir können sagen, unsere Persönlichkeiten bestehen aus verschiedenen Teilen, Rollen, Ich-Zuständen (oder auf Neudeutsch »Ego-States« – das ist nur Englisch und heißt auch nichts anderes), Anteilen oder Selbsten – wobei diese neuen Wortschöpfungen »Selbste« oder auch »Selbst-Familie« mir am besten gefallen.

Diese Einheiten – die Ego-States – dienen unterschiedlichen Zwecken. Sie sind Niederschläge von Erfahrungen, neuronale Netzwerke, in denen das Wissen einer früheren Zeit gespeichert ist. Wir haben einen Zettelkasten voller Lösungsstrategien in uns, einen Theaterfundus voller Kostüme, die zu unseren unterschiedlichen Rollen des Lebens passen, und eine ganze Mannschaft von Selbstanteilen, die für spezielle Herausforderungen trainiert ist. Unsere innere Bühne ist ein Fantasie- und Möglichkeitsraum, in dem alles passieren kann, und unser Erwachsenen-Selbst ist der Regisseur, zumindest sehr oft, oder glaubt es zumindest zu sein ... Doch davon später mehr.

In unserer Selbstwahrnehmung beziehen wir uns immer auf einen Ego-State, der offen zutage tritt und uns zu einem bestimmten Zeitpunkt bewusst ist. Diesen nennen wir den exekutiven Ich-Zustand. Wenn wir das Bühnenmodell nutzen, dann entspricht dieser Teil dem, der vorne an der Rampe steht und mit dem Publikum (unserer Umwelt) kommuniziert. Würden wir den Teil fragen, wer er ist, dann würde er vermutlich sagen: Ich bin das wahre Selbst. Bei mir ist es gerade »Der kleine Professor«, der an seinem Computer sitzt und sich das alles für Sie ausdenkt. Und Sie lesen das als Erwachsener, aber auch ein bisschen mit den Augen des »Schüler-Ich-Zustands« aus Ihrer Schulzeit.

Zustände, die nicht exekutiv sind – das heißt weiter hinten auf der Bühne stehen und entweder auf ihren Einsatz warten oder vor sich hindösen –, können sich mehr oder weniger bewusst darüber sein, was auf einem bewussten Level vorne auf der Bühne passiert. Das bedeutet, wir können kindliche Ego-States in uns haben, die noch gar nicht wissen, dass Sie und ich heute schon erwachsen sind – für diese bringt immer noch der Osterhase die Eier und morgen ist der erste Schultag.

Übliche Konflikte und Probleme, von denen alle Menschen betroffen sind, entstehen zwischen verschiedenen Ich-Anteilen aufgrund deren unterschiedlicher Wünsche, Bedürfnisse und Problemlösungsstrategien. Konflikte zwischen inneren Zuständen können so viel Energie verbrauchen, dass das Individuum gezwungen ist, sich zurückzuziehen, in eine defensive Haltung zu gehen und etwas zu entwickeln, was wir eine psychische Störung nennen – einfach, weil sich da auf der inneren Bühne ein paar Typen darum streiten, welche Lösungsstrategie die bessere ist oder wer wem und warum nicht traut. Die innere Stärke, das Selbstwertgefühl dieses Menschen ist dann angeknackst oder geht ganz verloren. Patienten in meiner Praxis, die ein Trauma erlitten haben, die unter einer sogenannten posttraumatischen Belastungsstörung leiden, können oft so lange nicht zur Ruhe kommen, bis diese Konflikte auf der inneren Bühne gelöst sind und die innere Stärke wiederhergestellt ist.

Nach Ansicht von John und Helen Watkins, zwei Pionieren in Sachen Vielheit unseres Selbst und Entdecker der Ego-State-Therapie in den 70er-Jahren des letzten Jahrhunderts, kommen für die Entstehung der inneren Selbstanteile in einem Menschen drei Prozesse infrage:

1. die normale Differenzierung unserer Persönlichkeit in der Frühphase unseres Lebens,
2. die Verinnerlichung der Botschaften und der Verhaltensweisen wichtiger, prägender Bezugspersonen in der Kindheit und
3. die Reaktion auf ein erlebtes Trauma.

Viele Ego-States beginnen als defensive Krankheitsverarbeitungsmechanismen. Werden sie in der Kindheitsentwicklung wiederholt, verwandeln sie sich zu voneinander abgegrenzten Sektionen der Persönlichkeit, schreibt Arreed Barabasz, ein Schüler der Watkins'. Sie können auch durch ein einzelnes Traumaerlebnis, zum Beispiel einen Autounfall, einen Raubüberfall usw. geschaffen werden und dienen dann der Traumabewältigung. Die Ich-Zustände einer Person sind voneinander abgetrennt durch Grenzen, die mehr oder weniger durchlässig sind. Jeder Zustand zeichnet sich durch eine besondere Rolle, durch eine Stimmung und eine mentale Funktion aus, welche, wenn bewusst (das heißt exekutiv, wie ich das zuvor nannte), die Identität der Person bestimmt.

Ich-Zustände verfügen über ihre eigenen Erinnerungen und kommunizieren mit anderen Ich-Zuständen mehr oder weniger intensiv. Stehen alle miteinander in Kontakt und wissen sie voneinander, so nennen wir das *Co-Bewusstheit*. Traumatisierte Ich-Zustände können vollständig unbewusst sein oder haben dann, wenn sie zu Bewusstsein gebracht werden, oft größte Schwierigkeiten, sich auszudrücken.

Der Wiener Psychoanalytiker Paul Federn, ein Schüler von Sigmund Freud, war der Erste, der ein Konzept der Ich-Zustände entwickelte, um ein psychodynamisches Verstehen von Multiplizität zu ermöglichen. Er behandelte Menschen mit Psychosen, mit Entfremdungsgefühlen sich selbst (De-Personalisation) und der Umgebung (De-Realisation) gegenüber und entdeckte, dass das Ich dieser Menschen nicht aus einer einheitlichen Struktur bestand, sondern aus verschiedenen Schichten von Ich-Zuständen zusammengesetzt war.

Federns Schüler Edoardo Weiss übersetzte seine Arbeiten in eine leichter verständliche wissenschaftliche Sprache und entwickelte viele seiner Gedanken weiter. Aber weder Federn noch

Weiss war gänzlich die Bedeutung der Ich-Zustände im Behandlungsprozess bei normal neurotischen Menschen wie Sie und ich klar. Sie waren auch nicht in der Lage, aus ihren Einsichten eine neue Form der Psychotherapie zu entwickeln, um die damals schon angestaubte klassische Psychoanalyse neu zu beleben. John Watkins modifizierte und erweiterte dann Federns Konzepte und entwickelte die Grundlagen der Ego-State-Therapie mit seiner Frau Helen.

Vorhang zu – die Vorlesung ist erst mal zu Ende.

So ist das also mit uns: Wir sind eine innere Vielfalt, wir sind eine Selbst-Familie. Aber immer wissen wir, dass wir nur *eine* Persönlichkeit sind, *ein* phänomenales Ich/Selbst, aber mit vielen Seiten, Anteilen oder Ego-States – wir sind nicht krank, haben keine Psychose, wir sind eine normale Vielfalt. Das heißt aber noch lange nicht, dass wir multipel sind. Das ist etwas völlig anderes und beschreibt eine traumabedingte Aufspaltung der Persönlichkeit eines Menschen durch massive Gewalt von außen in unterscheidbare Teilpersönlichkeiten. Dieser Zustand ist in der Regel für die Betroffenen sehr anstrengend und verwirrend.

Wenn wir eine innere Landkarte unserer Teile malen würden, dann würde deutlich werden, dass die Teile unterschiedliches Alter, Geschlecht und unterschiedliche Funktion besitzen – zumindest die Fantasien, die wir uns über sie machen können. Neuronale Netzwerke in unserem Gehirn können wir nicht beobachten, wir können sie nur erfahren, wenn wir in den jeweiligen Ich-Zustand rutschen. Wir können diese Erfahrung beschreiben und uns vorstellen, wie eine Gestalt wäre, die diesen Zustand verkörpert. Das aber ist nur eine Fantasie und bedeutet nicht, ein inneres Kind lebe wirklich in uns oder da wäre ein realer innere Kritiker, Fehlerzähler oder Katastrophenlüstling.

Was die möglichen Bewohner unseres Kopfes, unsere innere Mannschaft betrifft, so könnten wir da vorfinden:

- Anteile mit besonderen Eigenschaften wie: launisch, sexy, dominant, schüchtern, rebellisch, altklug, traumatisiert usw.;
- Anteile mit einem speziellen Alter: innere Kindanteile, jugendliche Anteile und erwachsene Anteile;
- Anteile mit besonderen Funktionen: Helfer- und Wächterteile, innerer Beobachter, innerer Kritiker, die »dunkle Seite«, »Mrs. Sonnenschein«, »Meister Proper«, »Jonny Kontrolletti« usw.;
- Anteile für unser basales Lebensgefühl: die weise, alte Frau und der weise, alte Mann, die »innere Kraft« oder die »innere Stärke«, der innere Ratgeber, der »spirituelle Kern« usw.

Sie können sich gerne ein DIN-A4-Blatt holen und jetzt eine innere Landkarte Ihrer Selbstanteile entwerfen. Machen Sie einen Kreis, ein Oval oder Rechtecke, wo immer Sie anfangen wollen auf dem Blatt, und schreiben Sie den Namen des Selbstanteils hinein und, wenn Sie wollen, wann der Teil in Ihrem Leben entstanden ist.

Ja? Nein? Ich meine das ernst – geben Sie sich einen Stoß, holen Sie sich ein DIN-A4-Blatt und legen Sie los.

Pause – Pause – Pause ...

Am Ende haben Sie nun ein paar oder auch viele Anteile auf dem Blatt vereint und können sich auf die Schulter klopfen – dafür, dass Sie Ihren inneren Schweinehund überwunden und etwas zu Papier gebracht haben. Wenn nicht, können Sie es jetzt immer noch versuchen – eine letzte Ermutigung, Ihren inneren Neinsager und Verweigerer umzustimmen. Kleiner Tipp: Erst mal zuhören, welches Argument er bringt, warum Sie die innere Landkarte nicht malen wollen, sollen oder können – ihm danach uneingeschränkt recht geben und dann genau das Gegenteil machen. Bis ihm etwas Neues einfällt, haben Sie schon Papier und Bleistift zur Hand.

Apropos »innerer Neinsager«: Schauen Sie doch mal, wen von den Perfektionisten, Saboteuren und Meisterkritikern usw., die Sie von sich aus dem Test »Ihre inneren Kritiker« am Ende des Buches schon kennen, Sie in der Landkarte markiert haben. Sind alle da – haben Sie den »Du bist doch peinlich!«-Anteil auch nicht vergessen? Genau – das ist unser Thema und da wollen wir jetzt weitermachen. Also Privatvorlesung Nummer 2: »Die Entstehung der Zunft der inneren Kritiker und Co.«

PRIVATVORLESUNG 2: DIE ENTSTEHUNG DER ZUNFT DER INNEREN KRITIKER UND CO.

Auf die Frage, warum es praktisch ist, einen kleinen Mann oder eine kleine Frau im Ohr zu haben, der/die unser Tun aus moralischer Sicht kommentiert, gibt es eine schlüssige Antwort: Die ursprüngliche Funktion unseres Gewissens bestand darin, uns auf ein Leben in der Gesellschaft vorzubereiten und dabei zu helfen, uns Anerkennung zu verschaffen und Peinlichkeit, Scham, Liebesverlust, Bestrafung und Schuldgefühle zu vermeiden – und um uns sozusagen um möglichst viele Fettnäpfchen herumzulotsen. Der innere Kritiker und sein Team hat seine Maßstäbe bezüglich der Frage, was richtig und was falsch ist, von unseren Eltern, von den Erziehungspersonen, die uns im Kindergarten, in der Schule usw. wichtig und bedeutsam waren, gelernt. Alles, was jetzt innen ist, war deshalb einmal außen. Mit dem Satz »Du bist hässlich und wirst nie bei DSDS zum Casting kommen« sind wir nicht auf die Welt gekommen.

Während der Kindheit hat der innere Kritiker – und das gilt auch für die anderen oben beschriebenen Herrschaften – vor allem beißende Schuld- und Schamgefühle benutzt, um uns zu helfen, brav zu sein und uns angepasst im Sinne der Moralvorstellungen der anderen zu verhalten, von denen wir abhängig waren. Das war auf der einen Seite gut, hat es uns doch davor bewahrt, ständig anzuecken und ausgegrenzt zu werden. Auf der anderen Seite wurden dadurch aber auch unsere Spontaneität und unsere Lebendigkeit massiv beeinträchtigt.

Wie sich jemand fühlt, der ständig im großen Gerichtssaal des Lebens steht, sich beschuldigt fühlt, ohne zu wissen, wessen er sich überhaupt schuldig gemacht hat, habe ich oben versucht, am Beispiel der Person des Herrn K. im Roman *Der Prozess* von Franz Kafka zu beschreiben.[4] »Jemand musste Josef K. verleumdet haben, denn ohne, dass er etwas Böses getan hätte, wurde er eines Morgens verhaftet.«

Unser innerer Richter ist ein Teil unseres Verstandes und es scheint, als spräche er mit unserer Stimme zu uns. Er kennt uns bis in jede hinterste Ecke des Denkens, alle unsere Ausflüchte und Pirouetten der Begründungen – er zeigt sich uns in den Ideen, Gedanken, Überzeugungen, Vorstellungen und inneren Bildern, die wir über uns und die anderen haben. Die inneren Saboteure leben aber auch in unserem Körper. Ohne dass wir sie sehen können, spüren wir ihre Last auf unseren Schultern, das Druckgefühl im Bauch, es wird uns abwechselnd kalt und heiß und etwas Unangenehmes läuft uns den Rücken hinunter.

Eine der Leidenschaften des inneren Richters ist das Vergleichen – wir im Vergleich zum Rest der Welt oder zumindest verglichen mit jemandem, der schöner, schlanker, klüger, erfolgreicher usw. ist und in unserer Nachbarschaft wohnt. So einen Gutmenschen und Alleskönner gibt es immer. Seien Sie sich sicher: Soviel Sie sich auch anstrengen, dem Richter und seinem Team ist es ein Leichtes, immer wieder jemanden aus dem Hut zu zaubern, der noch ein bisschen erfolgreicher ist. Gerade so, als müssen wir ständig eine Gegenrechnung aufmachen, was wir schon erreicht haben, im Gegensatz zur großen Weite der Möglichkeiten. Dieses ständige Vergleichen, Fehlerzählen und Aufrechnen zehrt an unserem Selbstwert und dem Zutrauen in unsere Selbstwirksamkeit. Das erzeugt ein Gefühl, ausgeliefert zu sein, und ein Leiden, welches wir beschreiben können mit dem Satz: »Ich bin nie genug.«

Aber noch einmal zurück zur Frage: Wie entsteht das alles und zu welchem Zweck? Wir sind doch in der Tiefe unseres Herzens eigentlich keine Masochisten. Oder doch?

Eine Möglichkeit, die unterschiedlichen Botschaften der Saboteure, wie wir sie im Kapitel 2 besprochen haben, besser zu verstehen, ist die entwicklungspsychologische Hypothese, dass sie zu unterschiedlichen Zeiten der menschlichen Reifung vom Säugling zum jungen Erwachsenen entstanden sind und einen normalen Entwicklungsprozess darstellen. Jeder von uns musste früh im Leben damit beginnen, die elterlichen Regeln zu verinnerlichen und diese Regeln durch innere Selbstanteile herauszubilden. Diese Innenteile, die so halblaut vor sich hinmurmeln, aber auch energisch fordern können, nennen wir auch die verborgenen Persönlichkeitsanteile – im Gegensatz zu den Persönlichkeitsrollen und sichtbaren Charakterzügen. Die spezifischen Entwicklungskrisen im Reifungsprozess, auf die ich gleich zu sprechen kommen werde, stellen durch ihre Herausforderung den Ausgangspunkt für die Reifung eines Menschen dar und triggern die Bildung von Selbstanteilen, die ich bisher die inneren Saboteure genannt habe. In ihrem Wesen und ihren Lieblingstiraden drücken sich in konzentrierter Form das Thema der jeweiligen Entwicklungskrise aus und ihre Forderungen verweisen auf die früher praktizierte Lösungsstrategie.

Ganz allgemein können wir sagen: Diese rollenabhängigen Selbstanteile, die ich bisher etwas despektierlich Herrschaften oder Saboteure genannt habe, sind verborgene Ego-States, die die Rollen/Funktionen der wichtigsten Erziehungspersonen der Vergangenheit und der Gesellschaft internalisiert haben, um mögliche zerstörerische Charakterzüge und Instinkte in uns zu kontrollieren. Wir brauchen sie, um uns einer fremden, unvertrauten Welt anpassen und darin überleben zu können.

Um das in meiner Vorlesung genauer darstellen zu können, möchte ich Sie mit einigen Gedanken von Erik H. Erikson, einem deutsch-US-amerikanischen Psychoanalytiker und Vertreter der psychoanalytischen Ich-Psychologie, bekannt machen. Erikson wurde vor allem durch das von ihm entwickelte Stufenmodell der psychosozialen Entwicklung bekannt.

Eriksons Modell ist eine Weiterentwicklung des freudschen Modells der Persönlichkeitsentwicklung vom Säugling zum erwachsenen Menschen, wobei die Interaktion zwischen dem Kind und seiner Umwelt bei Erikson eine bedeutendere Rolle spielt. Dabei sind die folgenden Ergänzungen zu Sigmund Freud wichtig:

- Eigenaktivität des Individuums in den Krisenphasen ergänzt die Triebsteuerung;
- keine Fokussierung ausschließlich auf die sexuelle Entwicklung;
- Weiterentwicklung während der gesamten Lebensspanne.

Unter Krisenbewältigung versteht Erikson Entwicklungsaufgaben, die phasenspezifisch aktuell werden und nacheinander vom Kind/Jugendlichen gelöst werden müssen – das Leben ist kein Wunschkonzert, sondern ein Hindernisparcours mit Rätselaufgaben. Die eigentliche Entwicklungsaufgabe ist dabei die aktive Auseinandersetzung mit dem jeweils anstehenden Konflikt und die Bewältigung der Krisen im Sinne einer Kompromissbildung in acht Stufen.

Hier die acht Hauptphasen der psychosozialen Entwicklung, die Entwicklungsthemen als Gegensatzpaare und ihre Zuordnung zu den Stimmen der inneren Saboteure:

1. STUFE: URVERTRAUEN VS. MISSTRAUEN

Das Hauptthema des Säuglingsalters ist der Erwerb der Fähigkeit zur Selbstberuhigung. Dies geschieht durch die Hilfe der verlässlichen Zuwendung durch die Mutter. Gelingt diese Phase, entstehen Urvertrauen in die Verlässlichkeit der Eltern und später die Grundtugenden von kreativem Antrieb und Optimismus. Wir können uns dann auf so etwas wie einen *inneren Selbstberuhiger* verlassen. Im negativen Falle resultieren daraus Ur-Misstrauen, das heißt ein Mangel an ausreichenden Gefühlsbeziehungen, sensorische Fehlanpassung und krankhafte Neigung zum Rückzug. All diese Zustände werden wegen der Unreife des expliziten Gedächtnissystems nur auf der Ebene des Körpergedächtnisses abgespeichert und zeigen sich beim erwachsenen Menschen nicht durch innere Stimmen, sondern durch Körperempfindungen. Patienten haben dann Probleme, Stress zu regulieren, und berichten von innerer Unruhe, Getriebensein, Verstimmungen usw.

2. STUFE: AUTONOMIE VS. SCHAM UND ZWEIFEL

Im zweiten Lebensjahr (Kleinkindalter) bildet das Kind die Fähigkeit aus, mehrere Handlungen zu koordinieren, die alle durch die Tendenzen »Festhalten und Loslassen« charakterisiert sind, zum Beispiel die Kontrolle der Schließmuskeln des Darmes und der Blase. »Autonomie« – im Sinne von Selbstständigkeit erwerben – heißt auch, das Muskelsystem immer besser zu beherrschen, sich selbst-ständig (aufrechter Gang!) im Raum zu bewegen, sich zunehmend selbst zu kontrollieren und zu beherrschen. Dieser wachsenden Autonomie setzen die Eltern Vorschriften und Verbote entgegen (beispielsweise Toilettentraining/Sauberkeitserziehung) und es kommt zur Verinnerlichung elterlicher Regelsätze: »Iss keinen Dreck«, »Steck den Finger nicht in die Steckdose«, »Mansch nicht so mit dem Essen«, »Zieh dem Bruder nicht an den Haaren« usw.

Bei Fehlanpassung wegen zu vieler rigider Verbote der Bindungspersonen führt dies später entweder zu Impulsivität oder zu Zwanghaftigkeit im Charakter. Wird die Entwicklungskrise jedoch phasenspezifisch gemeistert, entwickeln sich daraus die Grundtugenden Selbstbeherrschung und Willenskraft.

Da die Ermahnungen und Forderungen der Erziehungspersonen in den ersten zwei Jahren der Kindheit hauptsächlich auf Körperbeherrschung, Kontrolle der Affekte (»Hör auf zu heulen!«) und Einhaltung der Regeln (»Gib der Tante die Hand!«) abzielen, hat die Stimme des *inneren Kontrolleurs* bei uns Erwachsenen auch genau mit Kontrollthemen zu tun. Um richtig Druck zu erzeugen, arbeitet der innere Kontrolleur überwiegend mit Scham und Selbstzweifeln, um uns weich zu klopfen und auf seine Ziele einzuschwören.

Hinter dem Satz »Sei immer stark!« verbergen sich viele Vorschläge zur Selbstkontrolle:

- »Zeig jetzt keine Schwäche.«
- »Hab dich im Griff, kontrolliere dich besser.«
- »Bleib sachlich und ruhig.«

- »Du musst immer Härte zeigen.«
- »Deine Probleme gehen niemanden etwas an.«
- »Reiß dich zusammen – keine Gefühle zeigen!«
- »Du musst das mit dir selbst ausmachen.«

3. STUFE: EIGENINITIATIVE VS. SCHULDGEFÜHLE

Wenn Kinder zuvor Vertrauen in sich und die Umwelt entwickeln konnten, dann sind sie im Spielalter (drittes bis fünftes Lebensjahr) in der Lage, sowohl geistige wie körperliche Aktivitäten zu initiieren, welche durch die Eltern wiederum bewertet werden. Dabei geht es darum zu lernen, das Risiko einer Handlung richtig einzuschätzen, um die Welt zu meistern (Zugewinn an Selbstwert) oder bei Nichtgelingen getadelt zu werden (Schuldgefühle). So lernen Kinder durch Signalangst[5], riskante Abenteuer zu meiden, und bauen einen inneren Schützer auf – die Voraussetzung für ein Lernen durch Erfahrung. Das Thema dieser Phase ist also ein Ursache-Wirkungs-Lernen und die Erfahrung von sozialer Wertschätzung und Bestrafung. So liegt es nahe, die eigenen Handlungen so zu perfektionieren, dass ein Scheitern ausgeschlossen und damit Bestrafung und Beschämung vermieden werden können. Das Kind könnte sich sagen: Nur maximale Kontrolle über die anderen und die Dinge verschafft mir Anerkennung, deshalb muss ich perfekt sein und darf keine Fehler machen. Gelingt das in einem normalen Maß, entwickelt das Kind Entschlusskraft und zielgerichtete Zweckhaftigkeit.

Kommt es zu übertriebener Härte durch die Erziehungspersonen, entstehen als Fehlanpassung später im Leben Rücksichtslosigkeit und Hemmungen im Kontakt und bei der Handlungsinitiative.

Den Saboteur dieser Entwicklungsperiode nennen wir bei uns Erwachsenen den *inneren Perfektionisten*. Seine Themen gruppieren sich um das Gebot »Sei immer perfekt!«. Seine Antreibersätze könnten lauten:

- »Du musst fehlerlos sein.«
- »Das reicht nicht – nicht gut genug!«
- »Du musst mehr Ordnung halten. Bei dir sieht es aus wie bei Hempels unterm Sofa.«
- »Rede nur, wenn du es wirklich weißt.«
- »Du musst ständig dein Wissen erweitern. Wer rastet, der rostet.«
- »Du musst alle Herausforderungen annehmen – nur so kann aus dir was werden.«
- »Nur 150 Prozent zählen – alles andere ist nichts wert.«

4. STUFE: LEISTUNGSVERHALTEN (WERKSINN) VS. MINDERWERTIGKEITSGEFÜHL

War das Vorschulkind noch sehr stark selbstzentriert und sah es die Welt aus einer magischen Erste-Person-Perspektive, so ändert sich das im Schulalter hin zu einer »anderen-zentrierten« Sicht. Das heißt, die Welt wird nun immer mehr aus dem Blickwinkel der Familie und der Peers betrachtet. Soziale Beziehungen werden vom sechsten Lebensjahr bis zum Übergang zur Pubertät immer wichtiger und der Wunsch, sich zu zeigen und alles richtig zu machen, realisiert sich in Gruppen. Neben dem Drang zum Spielen entwickelt das Kind jetzt einen »Werksinn«: Es versucht etwas Nützliches zu leisten, um zumindest teilweise an der Welt der Erwachsenen teilzunehmen. Um all die intellektuellen Fertigkeiten zu lernen, um sich in der neuen Welt der Konkurrenzen zu behaupten und um zu vermeiden, als langweilig, uncool oder als »Schnarcher« zu gelten, braucht es eine innere Stimme, die es immer wieder motiviert, auf Erfolg zu setzen. Das Motto lautet: Schnell machen, um nichts Wichtiges zu verpassen.

Ist das Kind damit erfolgreich und erfährt es bei den Peers Anerkennung, entwickelt es ein Vertrauen in die eigene Kompetenz. Falls die entsprechenden Erfolgserlebnisse ausbleiben, resultiert daraus mit der Zeit ein Minderwertigkeitsgefühl und die Angst vor dem Versagen.

So einen Antrieb, nicht locker zu lassen, die Konkurrenz zu suchen und die intellektuellen Aufgaben der Arbeit und des Lebens zu meistern, kennen die meisten in Form des *inneren Antreibers* mit seinem Motto »Hurry up – beeile dich immer!«. Seine Flüsterbotschaft lautet:

- »Mach zu, du kannst noch mehr schaffen.«
- »Multitasking ist heute angesagt, du Schnarcher.«
- »Oh Gott, ist das langweilig – ich könnte schon längst beim nächsten Termin sein.«
- »Vertrödele deine Zeit nicht mit Nichtstun.«
- »24 Stunden am Tag reichen nicht, um alles zu tun, was getan werden muss.«

5. STUFE: EIGENE IDENTITÄT VS. ROLLENDIFFUSION

In der Pubertät und Adoleszenz (13. bis 20. Lebensjahr) kommt es nun zu einer rasanten Zunahme von Körperwachstum und zum Eintreten der physischen Geschlechtsreife bei Jungen und Mädchen. Die Entwicklungsaufgaben dieses Zeitabschnitts im

Erwachsenwerden sind die Integration aller bisher erworbenen Selbstdefinitionen und Elemente des Selbstverständnisses als Mann und Frau. So wird aus einer psychosozialen Identität eine erwachsene Persönlichkeit. Die Leistung des »Ich« ist es, das erworbene individuelle Gleichgewicht von Urvertrauen und Urmisstrauen, von Autonomie und Scham und Zweifeln, von Initiative und Schuldgefühl, von Werksinn und Minderwertigkeitsgefühl nun in einem Selbstkonzept zu integrieren. Zu den Themen der vorangehenden Phasen (Vertrauen, Autonomie, Initiative und Fleiß) kommt jetzt ein neuer Inhalt: die Frage des jungen Menschen nach »Wer bin ich?«.

Hatte der innere Antreiber noch dazu gedrängt, Wissen anzuhäufen, Ziele zu erreichen und zu konkurrieren, so ist der *innere Allen-Rechtmacher* mit dem Thema der Akzeptanz durch andere, der Dazugehörigkeit, mit dem Sich-Anpassen an andere und der Vermeidung von Ausgrenzung beschäftigt. Der Rechtmacher entsteht bei Jugendlichen, um ihnen zu helfen, in sozialen Gruppen zu-rechtzukommen (zum eigenen Recht!) und dazuzugehören. Er hilft Aggression zu unterdrücken, um nicht aufzufallen, und seine Hauptwaffe ist die Drohung, der Jugendliche könnte abgelehnt werden und nicht liebenswert sein.

Die Stimmen der Allen-Rechtmacher sagen:

- »Du musst es allen recht machen, damit du geliebt wirst.«
- »Deine Bedürfnisse sind unwichtig.«
- »Die anderen mögen nicht, wie du aussiehst, redest etc.«
- »Du bist als Mensch nicht vollständig.«
- »Du darfst nicht Nein sagen, sonst sind die anderen von dir enttäuscht.«
- »Halt dich aus allen Konflikten heraus.«

Da die Über-Ich- und Normenentwicklung bis zum 20. Lebensjahr weitgehend abgeschlossen ist, wird die Thematik der jetzt folgenden Entwicklungsstufen, wie sie von Erik H. Erikson erläutert wurden, nur noch modifizierend auf die bisher beschriebenen Saboteure einwirken. Dennoch ist anzunehmen, dass jede Entwicklungskrise Spuren in der Formulierung von deren Geboten und Forderungen hinterlassen wird.

Der Vollständigkeit halber liste ich hier die drei noch ausstehenden Reifungsschritte vom erwachsenen Menschen bis hin zum Tod auf und bespreche sie nur kurz.

6. STUFE: INTIMITÄT VS. ISOLIERUNG

Die wichtigsten Sozialpartner im frühen Erwachsenenalter (20. bis 40. Lebensjahr) sind Ehegatte, Lebensgefährte und enge Freunde, zu denen enge und intime Beziehungen und Freundschaften entwickelt werden, um Einsamkeit und Isolation zu vermeiden. Fehlt eine sichere Ich-Identität, besteht oft eine Furcht vor intimen Beziehungen und vor Bindung. Diese Menschen erleben wir häufig als kühl, berechnend und auf Nummer sicher gehend. Den Selbstanteil, der im erwachsenen Menschen für diese Suchphase der Identität steht, nenne ich den »Bindungssucher«.

7. STUFE: GENERATIVITÄT VS. STAGNATION

Mit Generativität meint Erikson das Interesse an der Erzeugung und Erziehung der nächsten Generation. Gelingt dies im mittleren Erwachsenenalter (40 bis 65 Jahre), dann entwickeln sich Vertrauen in die Zukunft, ein Glaube an die Menschheit und die

Fähigkeit, sich für andere Menschen einzusetzen. Die damit verbundenen Krisen beschreibt Erik H. Erikson als Stagnation. Das bedeutet, sich nur um sich selbst kümmern, ständig um sich kreisen und keine Bindung eingehen. Zu viel Generativität heißt, dass man sich selbst vernachlässigt zum Wohle anderer. Diesen Selbstanteil in uns Erwachsenen nenne ich den »Lebenszielesucher«.

8. STUFE:
ICH-INTEGRITÄT VS. VERZWEIFLUNG UND EKEL

Im reifen Erwachsenenalter (65 Jahre und älter) besteht eine wichtige Aufgabe darin, den Verlauf des eigenen Lebens zu akzeptieren und das eigene Leben als bedeutungsvoll anzusehen. Angesichts des nahenden Todes muss nun auch die Begrenztheit des menschlichen Lebens akzeptiert werden.

Wo diese Integrität, das heißt Integration, nicht gelingt, kommt es zur Abscheu vor anderen Menschen, vor sich selbst, vor der eigenen Geschichte. Daraus resultieren Enttäuschung und Verzweiflung über unerfüllte Hoffnungen und nicht erreichte Ziele. Der Selbstanteil dieser Altersperiode heißt für mich der »Lebenssinnfinder«.

Sie haben sicher gemerkt, dass einer aus der Mannschaft der Saboteure noch fehlt – genau: der *innere Be- und Verurteiler*. Da wir es mit ihm mit einer besonderen Spezies der Kopfbewohner zu tun haben, wie ich zuvor schon angedeutet habe, will ich diesem inneren Kritiker mit dem goldenen Sheriffstern meine dritte Privatvorlesung widmen. Sind Sie dabei?

PRIVATVORLESUNG 3: DER GNADENLOSE BLICK DES INNEREN BE- UND VERURTEILERS

Wir müssen uns an dieser Stelle klarmachen, dass ein Selbstberuhiger, ein Kontrolleur, ein Perfektionist, ein Antreiber und ein Allen-Rechtmacher hilfreiche Anteile in unserem Ich sind, die in der spezifischen Entwicklungskrise wichtige Arbeit für uns leisten, indem sie dabei helfen, diese Krisen zu meistern, und dadurch die Reifung der Persönlichkeit unterstützen.

Alle Anteile zusammen brauchen wir, um als liebenswerte, soziale Menschen im Kontakt mit anderen zu bestehen und geachtet zu werden. Sie sind innere Helfer, innere Wächter über eine nicht überfordernde Entwicklung vom Säugling zum Erwachsenen. Sie fungieren als Stellvertreter für die internalisierten Regeln und Normen, die wir in unserer Sozialisation in uns aufgenommen haben – sie sind die Folge einer gelungenen Auseinandersetzung mit den normalen Entwicklungskrisen unseres Lebens.

Problematisch wird es erst, wenn der Druck von außen derart stark wird, dass diese inneren Helfer sich radikalisieren und zu »Monstern« werden. Wie kann das passieren?

Wir alle mussten unsere Lektionen von den Eltern und anderen wichtigen Personen lernen. Solange wir mehr Lob als Entwertung erfuhren, war das irgendwie okay. Psychologen wie der US-Amerikaner Jerome Kagan schätzen, dass ein Kind mit 14 Monaten alle neun Minuten ein Verbot von den Eltern hören würde. An anderer Stelle habe ich gelesen, dass ein Kind bis zum fünften Lebensjahr schon mehr als 40 000-mal getadelt wurde – ca. 666-mal im Monat und 22-mal am Tag. Das könnte hinkommen, wenn ich an die Familie mit den zwei Söhnen im Alter von zweieinhalb und fünf Jahren denke, die ich kürzlich bei unserem Lieblings-Italiener um die Ecke erlebt habe: »Setz dich hin ... rennt nicht rum ... iss deine Nudeln ... nicht so viel trinken ... lass deinen Bruder in Ruhe ... jetzt wird gegessen ... leg den Gameboy weg ...«

Natürlich sind Regeln notwendig, um letztlich Selbststeuerung zu lernen, von allein ist das Gehirn eher nicht bereit, den sogenannten Orbitofrontalen Cortex (OFC)[6] so zu entwickeln und zu vernetzen, dass die subcortikalen Strukturen, die für die Affekte zuständig sind, geblockt werden können. Wenn das aber nicht gelingt, leiden diese Menschen später an unkontrollierbaren Affektattacken und ungesteuerter Impulsivität. Damit verbunden ist die Entwicklung des Schamsystems im Gehirn, etwa ab dem 14. Lebensmonat, wie ich es im letzten Kapitel unter Stufe 2 der Entwicklungskrisen bei Erikson beschrieben habe. Gemeint ist die Fähigkeit, Scham zu empfinden. Diese Fähigkeit ist durchaus nicht selbstverständlich, gibt es doch Menschen in unserer Gesellschaft, die genau das nicht können. Wir nennen so etwas eine antisoziale Persönlichkeit. Ohne Scham gibt es aber auch kein Mitgefühl für andere Menschen, da ein weiteres Hirnteil, der Gyrus cinguli,[7] der für die Entstehung des Mitgefühls verantwortlich ist, sich parallel mit dem Stirnhirn entwickelt. Das Schamgefühl hilft uns bei sozialen Kontakten und wir finden es auch schon bei Raubtieren, die im Rudel jagen, aber interessanterweise nicht bei Beutetieren.

Doch zurück zu unserem Thema: Eltern begleiten unser Verhalten, kommentieren unsere Fehlversuche, bewerten und fordern uns und zeigen an, was aus ihrer Sicht richtig oder falsch ist, was man darf und was verboten ist. Am Ende wissen wir ziemlich genau, wie wir sein müssen, um geliebt zu werden. In der Psychologie nennen wir das eine angepasste Form der Introjektion, das heißt Verinnerlichung der äußerlichen Bewertungskriterien. Damit meine ich die in einer »normalen Entwicklung« stattfindende Ich- und Über-Ich-Bildung (Gewissen), also die Übernahme der Verhaltensweisen, Anschauungen, Werte und Normen der Elterngeneration durch das Kind im Prozess der Sozialisation. Die Eltern dienen dabei als Rollenmodelle. In diesem Fall folgt auf die Introjektion (später mehr darüber) sofort die Identifikation mit deren Inhalt und somit die Umgestaltung eines Selbstanteils im Kind nach dem Vorbild der äußeren Instanz, sodass wir von einem Lernprozess im Kind ausgehen können.

Was passiert aber, wenn der Druck zu groß, das Dauergenörgle zu viel wird und kaum Glanz in den Augen der Mutter zu sehen ist? Dann werden aus gutartigen Aufpassern freudlose Sittenwächter über Sicherheit, Beziehungsregulation, Perfektion und Selbstaufopferung. Jetzt nehmen die bisher eigentlich hilfreichen Selbstanteile jene Qualität an, die ich bisher mit dem Begriff »innere Saboteure« umschrieben habe.

- *Der Selbstberuhiger* giert nach dem Suchtstoff »harmonische Verschmelzung« mit anderen Menschen oder entdeckt die Glückseligkeit der Drogen.
- *Der Kontrolleur* wird zum rigiden Fehlerzähler und unterdrückt Autonomie mit Scham und Zweifel.

- *Der Perfektionist* wird zum Miesmacher und versucht mittels Schuldgefühlen jegliches Missgeschick und jeden Fehler zu vermeiden.
- *Der Antreiber* wird zum Sklaventreiber, gönnt uns kein Verschnaufen, keinen Spaß am Leben und schreit immer nur: »Vorwärts, vorwärts, sonst versäumst du was!«.
- *Der Allen-Rechtmacher* wird zum Duckmäuser und fordert Unterwürfigkeit und Märtyrertum in Bezug auf die Wünsche anderer.

Das ist alles nicht angenehm, schmerzt und nagt an unserem Selbstwertgefühl und hilft irgendwie nicht weiter: Je mehr wir von dem machen, was da in unserem Inneren gemurmelt wird, umso schlechter geht es uns. So wie der Schiffbrüchige im großen Ozean verdurstet, wenn er beginnt, Salzwasser zu trinken.

Und das ist noch nicht alles: Da gibt es noch den Vorsitzenden der Abteilung Qualitätskontrolle, den wir im Test der inneren Kritiker den *inneren Be- und Verurteiler*, den obersten Richter genannt haben. Er scheint uns als Ganzes im Auge zu haben, als sei er die verinnerlichte Außensicht auf uns als Mann oder Frau.

Hören wir uns ein paar seiner »freundlichen« Statements an:

- »Du bist wertlos, ein Fehler, schwach, dreckig und schuldig.«
- »Du bist hilflos, blöd und machtlos.«
- »Du verdienst keine Liebe, kein Glück, nicht mal zu leben.«
- »Du verdienst Strafe.«
- »Du bist überflüssig.«

Das klingt grausam, bösartig und vernichtend – eine Art »Sei-nicht«-Botschaft, ausgesprochen von anderen, die uns am liebsten ganz loshätten, weil wir sie nerven.

Im Gegensatz zum Kontrolleur, Perfektionisten, Antreiber und Allen-Rechtmacher ist dieser Teil unseres Selbstsystems nicht aus der Zuspitzung einer eriksonschen Entwicklungskrise hervorgegangen. Der oberste Richter ist vielmehr ein Mix aus all den verletzenden Kommentaren, würdelosen Beschuldigungen, »gut gemeinten« Rat-Schlägen und Hieben unter die Gürtellinie, die viele Menschen die gesamte Kindheit hindurch ertragen mussten. In der Sprache der psychoanalytischen Theorie nennen wir so etwas ein »Introjekt«. Der psychische Vorgang, bei dem wir unbewusst diese Botschaften in uns aufnehmen, heißt Introjektion (von Lateinisch intro = hinein, herein und iacere = werfen). Das Introjekt ist dann das »Hineingeworfene«.

Lassen Sie mich ein bisschen bei dem Thema Introjektion bleiben und gestatten Sie mir, dass ich auf den Unterschied zwischen hilfreicher und wenig hilfreicher Introjektion etwas näher eingehe.

Vom ersten Moment an, wenn wir als Säuglinge auf diese Welt kommen, beginnen wir uns auf die Welt um uns herum einzustellen und versuchen eine optimale Form der Anpassung zu finden, um zu überleben. Dazu bilden wir verschiedene Ich-Zustände oder Schemata aus, die als eine Art soziales Gedächtnis jeweils ein Konzentrat einer Beziehungserfahrung in sich bewahren und uns dann für ähnliche Situationen zur Verfügung stehen.

Für alle diese Möglichkeiten der Differenzierung können wir den psychologischen Vorgang der Introjektion als einen wichtigen innerpsychischen Mechanismus verantwortlich machen. Um das besser zu verstehen, müssen wir bei der Introjektion unterscheiden zwischen

- Introjektion als einem normalen, unbewussten Prozess des Rollenlernens, der Ich- und Über-Ich-Bildung,

- Introjektion als einem Abwehrmechanismus der Psyche und
- Introjektion als einer Trauma-Coping-Strategie, um zu überleben – in der Literatur bekannt als »Täter-Introjekt«.

Der Begriff des »Täter-Introjekts« stammt aus dem Theoriekanon der modernen, multimodalen Traumatherapie. Er bezeichnet die Verinnerlichung (Internalisierung) des Peinigers in den psychischen Innenraum des Opfers und gilt uns heute als eine Art Überlebensmechanismus in einer Situation von absoluter Hilflosigkeit, Kontrollverlust und Todesangst. Was im Moment oder in den langen, frühkindlichen Zeiten der Bedrohung überlebenswichtig war, scheint aber oftmals ein Eigenleben zu entwickeln und zu einer tyrannischen Inneninstanz im erwachsenen Menschen zu werden (siehe dazu Peichl 2013).

Hier in diesem Buch geht es vor allem um die beiden ersten Möglichkeiten, also um Introjektion als Mechanismus in einem relativ normalen Entwicklungsprozess in der Kindheit, ohne schwerwiegende Erfahrung von Missbrauch, Vernachlässigung oder seelischer Grausamkeit.

Sind die Eltern in ihrem Verhalten dem Kind gegenüber überwiegend vertrauenswürdig, konsistent, respektvoll schützend und sorgend, so wird dieses hilfreiche, »nährende« innere Abbild dieser Eltern, ihr Denken, ihr Handeln und die gelebten Werte und Normen an das Selbst des Kindes via Identifikation weitergegeben und das Kind – und später der Erwachsene – wird sich selbst gegenüber unterstützend, sorgend und selbstbemutternd verhalten können. Daneben entstehen durch diese unbewusste Verinnerlichung im Kind Gehorsam, Moral und Gewissen. Gegen diese verinnerlichten Pflichten zu verstoßen, erzeugt ein Schuld- oder Schamgefühl (schlechtes Gewissen). In der Trotzphase kann der Wunsch nach Aufmerksamkeit aber auch in der

Verweigerung liegen. Dass die Ich-Reifung und die Über-Ich-Bildung sich gegenseitig verstärken, ist sofort einleuchtend: Die Befolgung elterlicher Normen und Prinzipien garantiert elterliche Anerkennung und Bewunderung und führt zur Ich-Stärkung. Das alles haben wir uns schon bei der Besprechung der Entwicklungs- und Krisenphasen nach Erik H. Erikson klargemacht.

Was aber, wenn die Erziehungspersonen ständig unter Stress stehen, uns unsensibel strafen, entwerten und uns das Gefühl geben, wir seien der letzte Sargnagel an ihrem Sarg? Auch diese be- und verurteilende Haltung übernehmen wir und machen nach vielen Durchläufen des ewigen Nörgelns und Zeterns aus der Fremdbeurteilung eine Selbstbeurteilung: Ja, wir sind blöd ... Ja, es ist eine Zumutung, dass es uns überhaupt gibt ... Ja, wir sind peinlich. Erst verinnerlichen wir den Satz unserer Mutter, unseres Vaters: »*Du* bist blöd und keiner mag dich!«, dann identifizieren wir uns damit und machen daraus: »*Ich* bin blöd und keiner mag mich!« Durch die Verwandlung einer Fremdaussage in eine Selbstaussage ist der innere Be- und Verurteiler entstanden und dieser Kritiker hat die besondere Eigenschaft, alle anderen oben genannten Kritiker zu unterstützen und deren Aussagen radikal zu verschärfen. Er benutzt den Sprachgebrauch der anderen Kollegen und radikalisiert jede ihrer Aussagen zu einem Totschlag-Argument. Je länger und intensiver jemand Ablehnung und Entwertung durch Menschen, die er zum Überleben brauchte, ausgesetzt war, umso radikaler klingen dann auch alle anderen inneren Kritiker. Deshalb ist der Be- und Verurteiler der Chef im Ring mit dem goldenen Sheriffstern.

Vorhang zu – Ende der Vorlesung.

MIT WEM REDET EIGENTLICH DER INNERE KRITIKER?

So, das war's erst mal mit der trockenen akademischen Wissensvermittlung. Vielleicht finden Sie es ja hilfreich, wenn ich das Ganze noch mal mit schlichteren Worten zusammenfasse? Okay. Und dann gehen wir einen Schritt weiter.

Wir alle kennen innere Stimmen, die unser Tun und Lassen kommentieren, die wir manchmal als hilfreich, meist als nervig und oft als störend erleben. Wir nennen sie die inneren Kritiker. Sie zeigen sich als ein leises Flüstern, als hätten wir einen freundlichen Kopfbewohner, manchmal aber auch als aggressives, entwertendes Drängen und Fordern, als wache ein innerer Oberrichter über unsere Gedanken, Gefühle und Handlungen. Wenn wir genau auf die Botschaften hören, erkennen wir Unterschiede in den Themenbereichen und stellen uns die Sprecher der Botschaften in unterscheidbaren Rollen vor: den Kontrolleur, den Perfektionisten, den Antreiber, den Allen-Rechtmacher und den Be- und Verurteiler. Diese inneren Selbstanteile sind im Laufe unserer Persönlichkeitsentwicklung vom Säugling zum erwachsenen Menschen entstanden und markieren kritische Punkte der Auseinandersetzung mit uns selbst und der Welt, in die wir hineingeboren wurden. Sie halfen uns damals, Krisen zu meistern und uns aus Überlebensgründen anzupassen. Die vier erstgenannten Kritiker resultieren aus normalen Entwicklungsprozessen und ihren Krisen und je heftiger die Krisen damals mit den Erziehungspersonen eskalierten, umso markanter sind die Profile der inneren Kritiker zugespitzt. Übersteigt aber das Nicht-Zusammenpassen zwischen Elternpersonen und Kind ein noch entwicklungsförderndes Maß (Dauer und Intensität der Disharmonie), dann werden die be- und entwertenden Fremdbotschaften der Erziehungspersonen in einer Atmosphäre aus Angst, Hilflosigkeit und Ohnmacht durch Verinnerlichung in den psychischen Innenraum aufgenommen und zu Selbstbotschaften umgewandelt: Ich sehe mich so, wie die anderen mich sehen.

In der nachfolgenden Tabelle ist unser bisheriges Wissen über die Entstehung des inneren Kritikers in den Phasen spezifischer Entwicklungskrisen nach Erikson, seine mögliche Funktion im Selbstsystem und der Wortlaut seiner Lieblingstirade zusammengefasst.

Entwicklungskrise nach Erik H. Erikson	**innerer Kritiker**	**Funktion**	**Tirade**
1. Urvertrauen vs. Urmisstrauen *Säuglingsalter*		Selbstberuhigung	
2. Autonomie vs. Scham und Zweifel *frühe Kindheit*	Kontrolleur	schützt vor Scham und Selbstzweifel	»Du musst alles kontrollieren«
3. Initiative vs. Schuldgefühle *Spielalter*	Perfektionist	schützt vor Schuldgefühlen	»Mache alles perfekt«

Entwicklungskrise nach Erik H. Erikson	innerer Kritiker	Funktion	Tirade
4. Überlegenheit vs. Unterlegenheit *Schulalter*	Antreiber	schützt vor Minderwertigkeit	»Mache schneller«
5. Identität vs. Identitätsdiffusion *Jugend*	Allen-Rechtmacher	schützt vor Verlassenheit	»Mache es allen anderen recht«
6. Introjektion der Forderungen der Eltern und der Kultur	Be- und Verurteiler/Richter	schützt vor Kränkungen und Entwertung von außen	»Sei tadellos«

Die inneren Kritiker: Entstehung, Funktion, Tirade

So, jetzt zurück zu Ihnen. Sie haben hoffentlich durch den Test »Ihre inneren Kritiker« eine Idee davon bekommen, welcher Kritiker Ihr »Lieblingskritiker« ist? Und Sie haben auch seine Stimme im Ohr und kennen den Satz, der bei Ihnen maximale Wirkung erzielt? Vielleicht gibt es auch mehrere gleichrangige Kritiker, die sich sogar zusammenschließen, um Sie zu bedrängen oder sich beim Druckmachen abwechseln?

Bitte schreiben Sie sich die Botschaften auf. Am Ende des Buches gibt es eine Liste der Kritiker, in der Sie sich deren Haupttiraden eintragen können. Ich meine das ernst: Wenn Sie später damit arbeiten wollen, dann brauchen wir etwas, worauf Sie sich beziehen können.

Wenn Sie sich da noch unklar sind, blättern Sie im Anhang ein paar Seiten vor und nutzen Sie die Möglichkeit, Ihre »Hausaufgaben« nachzuholen und den Test »Ihre inneren Kritiker« zu machen.

Gut ... Die inneren Kritikerrollen sind jetzt klar und auch ihre Botschaften. Ich möchte Sie nun zu einer ersten Übung einladen.

Denken Sie einmal an eine Situation der letzten Zeit, in der Sie sich wieder einmal total Ihrem inneren Kritiker ausgeliefert gefühlt haben, vielleicht deshalb nachts nicht schlafen konnten und tagsüber neben der Spur waren. Haben Sie so eine Situation vor Ihrem inneren Auge? Lassen Sie sich Zeit – manchmal ist so etwas sofort da, manchmal braucht es eben länger.

Haben Sie was? Okay! Schauen Sie sich das Ganze aus einer sicheren Distanz an – nicht reingehen in die Situation – nur beobachten! Als ob das Ganze auf einem Fernsehbildschirm vor Ihnen liefe.

Was war da los? Was hat der innere Kritiker gesagt und wie haben Sie sich dabei gefühlt? Wo im Körper haben Sie das gefühlt?

Schließen Sie die Erfahrung ab und kommen Sie wieder hierher.

So eine innere Stimme scheint uns häufig sehr mächtig, aber wenn wir es recht bedenken, dann hat diese innere Stimme selbst eigentlich gar keine Macht zu handeln. Sie braucht einen Teil in uns, der dem Drängen, Bewerten und Antreiben der Stimme nachgibt und dann das Ganze in Handlung umsetzt. Ist das nicht interessant, dass diese Stimmen der inneren Kritiker so mächtig daherkommen und trotzdem nur so viel Handlungsmacht haben, wie wir ihnen geben?

Die Frage, die sich daraus ableitet, heißt: Mit wem spricht da eigentlich der innere Kritiker? Mit Ihnen, als einem erwachsenen Menschen, einem erwachsenen Mann oder einer erwachsenen Frau? Mit mir als einem erwachsenen Mann über 60? Ja und nein – und das will ich an einem eigenen Beispiel erläutern. Sie können sich jetzt ruhig zurücklehnen und sich entspannen. Jetzt geht's um meine seelischen Abgründe und Sie brauchen nur zu beobachten.[8] Vielleicht empfinden Sie ja auch eine klammheimliche Freude darüber, dass ich auch nur mit Wasser koche ...

EIN PERSÖNLICHER FALL

Eines Tages bekam ich eine E-Mail von Woltemade Hartman aus Südafrika. Er fragte mich, ob ich beim nächsten Weltkongress der Ego-State-Therapie in Pretoria einen Vortrag halten möchte – einen Vortrag auf Englisch! Im ersten Moment war ich etwas erschrocken.

Woltemade war mein Lehrer in Ego-State-Therapie, er ist Leiter des Milton Erickson Instituts in Pretoria und ich habe ihm viel zu verdanken. In mir stritten sich freundliche Aufgeregtheit und Stolz über die Einladung, mit einem dumpfen Gefühl von Beklemmung und einem Druck im Bauch. Wie sollte das werden – konnte ich das denn überhaupt – und auch noch auf Englisch?

Der erwachsene Jochen denkt

Nachts lag ich wach, grübelte und verfluchte schon die ganze Einladung. Ich hörte auf meine innere Stimme, die sagte: »Das kannst du nicht, du hast nichts wirklich Interessantes zu sagen, dein Englisch ist viel zu miserabel.«

Ich arbeitete innerlich angestrengt an einer Lösung des Konfliktes zwischen »etwas wollen« und »sich etwas verbieten« und vernahm eine innere Stimme, die sagte: »Das geht nur, wenn du es perfekt machst. Alles andere geht in die Hose, du wirst dich bis auf die Knochen blamieren.« Diese Stimme des inneren Perfektionisten erzeugte noch mehr Druck und ich begann alles perfekt vorzubereiten, erstellte eine ausgefeilte PowerPoint-Präsentation, ließ meinen Redetext professionell übersetzen und nahm Englischunterricht bei einer Lehrerin. In mir sah es jetzt so aus:

Der Perfektionist spricht

Ich wühlte mich richtig rein und fand immer noch etwas, das ich verbessern konnte und musste. Ich fühlte mich irgendwie schlecht, war weiterhin nur mäßig überzeugt, dass ich den Auftritt ohne Blamage schaffen würde, aber auf die Stimme des inneren Perfektionisten, den ich mir wie eine gestrenge Gouvernante vorstellte, zu hören und seine Anweisungen zu befolgen, gab mir ein bisschen Sicherheit und entspannte mich: »Wenn du alles so machst, wie ich es will, dann werde ich dich belohnen.« An seinem Mantra konnte ich mich etwas aufrichten.

Dann hatte ich aber auch lichte Stunden und ich fragte mich: »Hast du noch alle ... du hast so viele Vorträge in deinem Leben gehalten, kannst dich im Urlaub relativ flüssig auf Englisch unterhalten – woher die Panik und der Stress?«

Ein weiterer klarer Gedanke und die Nachfragen meiner Frau führten zu der Frage: »Wer ist da eigentlich in Panik? Doch nicht der erwachsene Jochen! Der weiß, was er kann und was nicht, und der traut sich das auch nach guter Vorbereitung zu. Mit wem spricht da eigentlich der innere Perfektionist?«

Nicht mit dem Erwachsenen, dem über 60-jährigen Erwachsenen-Selbst, das war mir bald klar. Welcher Teil von mir hatte da aber wohl auf die Einladung von Woltemade so heftig reagiert und in welchen Horrorfilm war ich da eigentlich hineingeraten?

Ich wandte die gelernte Teile-Therapie-Methode nun auf mich selbst an und versuchte herauszufinden, woher aus meinem Leben ich dieses Gefühl der Beschämungsangst, ausgelöst durch die Aufforderung, vor anderen Menschen zu sprechen und mich »öffentlich« zu zeigen, schon kannte. Da fiel mir der kleine zwölfjährige Jochen ein und sein Gedicht »Der Mond ist aufgegangen ...« – oder eher sein »Nicht-Gedicht«.

So wurde mir klar: Es gibt einen inneren Perfektionisten in mir – und der meint nicht mich, den Erwachsenen, sondern einen kindlichen Anteil von mir, in diesem Fall den zwölfjähri-

Der zwölfjährige Jochen erzählt

gen beschämten Jochen von damals. Diese Einsicht hat mir damals gut geholfen, mich und meine Reaktion besser zu verstehen.

Übrigens: Mit dem Vortrag ist alles gut gegangen. Ich habe einfach dem kleinen Zwölfjährigen gesagt, er solle ruhig im Hotel bleiben, er müsse da nicht mit, es sei jetzt Sache des erwachsenen Jochen, den Vortrag zu halten. Ich habe ihm den Fernseher angemacht und versprochen, dass ich abends wiederkomme.

Was will ich Ihnen mit dieser Erfahrung aus meinem eigenen Leben sagen und was lernen wir daraus für unser Thema?

EINIGE ALLGEMEINE GEDANKEN ZUM VERHÄLTNIS ZWISCHEN INNEREM KRITIKER UND KRITISIERTEM KINDANTEIL

Wen kritisiert der innere Kritiker und wen verfolgt der innere Verfolger? Wenn ich für einen Moment in die sogenannte Beobachterposition gehe und ohne Bewertung und Beurteilung, aber mit Neugierde und achtsamer Aufmerksamkeit das Ganze betrachte, dann merke ich schnell, dass ich als erwachsene Person gar nicht gemeint bin. Der Satz »Du musst zu 150 Prozent perfekt sein, damit etwas in Ordnung ist« ist aus meinem erwachsenen Gegenwartserleben eher lachhaft und es fällt nicht schwer, den Satz als absurd abzuweisen. Das geht mir mit den anderen möglichen Sätzen der inneren Kritiker genauso. Probieren Sie es aus: »Mach schneller, damit du nichts verpasst!« oder »Ich muss es allen Menschen recht machen!« – eigentlich ziemlich lächerlich, oder?!

Aber wer in mir lässt sich dann mit so einem Satz erschrecken und in Panik versetzen?

Wenn wir dem kritischen Teil schon unseren Respekt und unsere Empathie zollen, dann gilt das auch für den Teil, der vom Kritiker kritisiert und vom Verfolger verfolgt wird. Dieser Teil, der kritisiert wird, fühlt sich beschämt, verärgert, schuldig, wütend, rebellisch oder peinlich betreten. Diesen Teil nenne ich den kritisierten, kindlichen Teil oder die kritisierten Teile, wenn es mehrere sind.

Dieser kritisierte innere Anteil ist genau genommen vor dem inneren Kritiker oder Verfolger entstanden und steht für den kindlichen Ego-State (Ich-Zustand) in uns, der sich einmal durch drohenden oder realen Liebesverlust, durch massive Loyalitätskonflikte oder Traumatisierung verängstigt und hilflos gemacht fühlte. Es ist die primäre Erfahrung des Kindes in einer konflikthaften Situation, ein Ich-Zustand, der sich als Folge der Krisensituation herausbildet. In ihm sind all die Gedanken, Gefühle, Körperreaktionen und Bilder abgespeichert, die sich in dieser Notsituation im Kind entwickelt haben. Eine mögliche Lösungsstrategie ist es, die äußeren Forderungen zu verinnerlichen und sich dem Druck anzupassen – nach der einfachen Logik: Wenn ich tue, denke usw., was sie wollen, werden sie mich wieder liebhaben. Jetzt erst entsteht der innere Kritiker als Lösungsversuch in dieser kindlichen Hilflosigkeitssituation.

Die Abbildung des äußeren bedrängenden Objekts (zum Beispiel der harsch kritisierende Vater: »Du hast zwei linke Hände, fass nichts an, du Tollpatsch!«) in den psychischen Innenraum via Introjektion (Verinnerlichung) ist, wie ich oben gezeigt habe, ein Coping-, Abwehr- oder gar ein Überlebensmechanismus. Introjektbildung schützt im ersten Moment den verwundeten inneren Kindanteil und hilft Schmerz, Beschämung und Bindungsverlust zu minimieren oder gar zu vermeiden. Was sich im Gehirn bewährt hat, wird beibehalten, ausgebaut und synaptisch verstärkt. Während wir älter werden, internalisieren wir über viele Jahre all die äußeren Stimmen, die kritischen Äußerungen und Begrenzungen unserer Spontaneität und unseres natürlichen Verhaltens. Aus alldem werden die inneren kritischen bis verfolgenden Stimmen der inneren Kritiker und Entwerter. Ihr Job ist es, alle Regeln, Forderungen der Umwelt und »No go«-Verordnungen wie in einem großen Gesetzbuch aufzuschreiben und uns dann permanent zu mahnen, diese Gesetzte nicht zu überschreiten. Ironischerweise werden die inneren Stimmen häufig noch harscher und fordernder, als die äußeren Stimmen der Erziehungspersonen es je waren. Wir peitschen uns emotional und verletzen uns unter Umständen auch körperlich, zum Beispiel durch mangelnde Selbstfürsorge, Selbstverletzung und die Entwicklung von Süchten. Was ursprünglich als Schutz gedacht war, entpuppt sich später als Zerstörer.

Liebe Leserin und lieber Leser, an diesem Punkt möchte ich die Kausalkette einmal umdrehen. Bisher denken wir doch: Weil ich seit vielen Jahren so einen harschen, entwertenden inneren Verfolger in mir trage, deshalb geht es mir so schlecht. Stimmt! Aber was auch stimmt: Weil ich einen so verletzten kindlichen Teil in mir habe, der so massive Angst vor Liebes- und Bindungsverlust, Beschämung, erneutem psychischem Missbrauch usw.

hat, brauche ich einen lautstarken inneren Kritiker, um das zu vermeiden, was ich fürchte. Wenn ich das Sehnsuchtsziel, die Fantasie nach bedingungsloser Liebe zum Beispiel, immer noch nicht mit eigener Kraft alleine erreichen konnte, dann brauche ich die kritischen Stimmen, damit ich das Ziel nicht aus den Augen verliere. So gesehen ist der Kritiker und Verfolger nicht das alleinige »Problem«, sondern es ist vorrangig auch die Ohnmacht des kindlichen, (oft traumatisch) verstrickten Ego-States, einen Zustand von Sicherheit und Gebundenheit in einer nährenden Beziehung zu erreichen – und das vor allem in der Gegenwart.

Um es noch mal an meinem Beispiel zu verdeutlichen: Als die Einladung zum englischen Vortrag von Woltemade kam, spielten mindestens zwei Probleme eine wesentliche Rolle:

- Ein innerer Kindanteil wurde durch die Ähnlichkeit der heutigen Situation mit der Situation vor fast 60 Jahren (Sprechen vor vielen Menschen, Gefahr der Blamage, Gesichtsverlust, Liebesentzug von jemanden, der mir wichtig ist, usw.) wachgerufen und der erwachsene Jochen verwechselte dann die beiden Situationen. Oder anders gesagt: Das Muster, die Blaupause von damals wurde von meinem Biocomputer benutzt, um eine Gegenwartssituation zu bewerten. Kurz: Der erwachsene Jochen von heute verwechselte sich mit dem kindlichen Jochen von damals.
- Das Lösungsmuster von damals (»Streng dich an … werde perfekt, dann passiert dir so was nicht mehr!«) war die Geburtsstunde des inneren Perfektionisten, der mich vor dem Vortrag antrieb.

So, jetzt muss ich Ihnen aber mal erzählen, was da im Dezember 1962 in der 6. Klasse im Gymnasium passiert war. Für das Halbjahreszeugnis wurden wir in Deutsch geprüft und mussten das

Gedicht »Der Mond ist aufgegangen« von Matthias Claudius vor der Klasse aufsagen. Ich fing ganz gut an, kam aber über die Stelle »... steht schwarz und schweiget« nicht hinaus. »Peichl, setzen, Sechs!« – der von mir so geliebte Deutschlehrer schaute grimmig und die Klasse johlte vor Lachen. Ich schlich zurück zum Platz. Zu Hause musste ich mir dann auch noch die elterlichen Kommentare anhören: »Hättest du dich auf den Hosenboden gesetzt und gelernt und nicht so viel ...« Und dann kam vom Vater noch: »Das kommt mir nicht mehr vor, das werde ich ab jetzt in Zukunft persönlich kontrollieren. Du lernst das so lange, bis du es rückwärts aufsagen kannst – Schluss mit Fußball!« Auweia! In dieser Not der kollektiven Ablehnung derer, die ich liebte und die mir wichtig waren (und die ich zum Überleben brauchte), hörte ich eine innere Stimme: »Du musst alles perfekt machen, dann wirst du nicht mehr beschämt und schleichst nie mehr wie ein Hund zum Platz!« Ab da ging es – der Preis war nur, dass ich weniger mit meinen Freunden draußen unterwegs sein konnte und ich mich dadurch etwas einsamer fühlte.

Was Ihnen vielleicht durch mein persönliches Beispiel klar wurde: Um zu verstehen, wie der innere Kritiker heute in uns arbeitet, welche Mittel er anwendet und warum er auch jetzt noch so mächtig erscheint, müssen wir uns den Moment vergegenwärtigen, in dem er entstanden ist. Darum geht es: zwei kindlich gebliebene Anteile, entstanden in einer seelischen Notsituation der Frühzeit unserer Entwicklung, mit der fatalen Tendenz, die Gegenwart mit der Vergangenheit zu verwechseln.

Damals war der innere Kritiker Teil einer Überlebensstrategie, eines Schutzes vor erneuter Beschämung, vor Schuldgefühlen und der Angst, verlassen zu werden. Der innere Kritiker und seine Kumpel hatten also eine *gute Absicht* – ein Thema, dem wir im nächsten Kapitel näher nachgehen werden.

DIE STIMME DER KRITIKER ODER: DIE IDEE DER GUTEN ABSICHT

Ich behaupte: Die Stimme der Kritiker hört nur auf zu fordern oder zu befehlen, wenn sich beim ersten oben beschriebenen Punkt, also bei meinem »beschämten Jochen«, etwas ändert. Damit ich einen Autopiloten ausschalten kann, muss ich schon viel Erfahrung und Selbstvertrauen in mein eigenes Können haben, um zum Beispiel ein Flugzeug eigenhändig durch eine Wolkenbank zu steuern. Deshalb, so glaube ich heute, lassen sich so viele innere Kritiker und Verfolger in der Therapie nicht auflösen oder zumindest kleiner schrumpfen, weil das, was vom Kritiker kritisiert und vom Verfolger verfolgt wird, in der Therapie zu wenig beachtet wird und ebenfalls ein Angebot zur Veränderung und Unterstützung bekommen muss.

Wir können uns mit der einen Seite, dem Kritiker, identifizieren (»Das war jetzt aber wieder superblöd von mir!«), aber auch mit der Seite in uns, die kritisiert wird (»Ich fühle mich nicht gut genug!«) – es kann ständig hin- und herwechseln. Der einzige Weg, aus dem Patt zwischen Kritiker und kritisiertem Teil herauszukommen, ist, in die erwachsene Beobachterposition zu gehen – aber dazu später. Zuerst will ich versuchen, ein gutes Wort für die inneren Kritiker einzulegen, um sie zu rehabilitieren. Ab jetzt gilt: Nicht alles, was erschreckend aussieht, ätzende Kommentare abgibt und nervt, hat es verdient, dass wir es loswerden wollen.

DIE GUTE ABSICHT

Es ist verständlich, dass wir von unseren Symptomen genervt sind und sie am liebsten dahin schicken würden, wo der Pfeffer wächst: »Warum muss ich immer gerade dann Migräne bekommen, wenn ich mal mit meinem Freund ins Kino will?« Oder: »Warum habe ich so ein ungutes Gefühl, abends aus dem Haus zu gehen, und werde deshalb immer einsamer?« Warum? Warum? Warum? Der Psychoanalytiker-Anteil in mir würde jetzt in Ihrer Vergangenheit nachschauen, ob es da einen ungelösten Konflikt mit Mama, Papa oder Geschwistern gibt, ob Sie zu viel oder zu wenig Aufmerksamkeit bekommen haben, wie die Ablösung vom Elternhaus verlaufen ist und ob Sie genug Liebe empfangen haben. Das kann man machen, und in der Regel findet sich bei jedem von uns auch immer etwas, was man im Nachhinein nutzen kann, um zu erklären, warum wir heute an diesen Symptomen und Problemen leiden. Das habe ich in meiner Zeit als überzeugter Psychoanalytiker auch lange gemacht, aber mittlerweile glaube ich, dass das mindestens zwei Nachteile hat:

1. Diese Vergangenheitssuche ist ziemlich unspezifisch: Wer sucht, der findet.
2. Ich mache Sie mit einer Zuschreibung wie »Weil Ihre Mutter den kleinen Bruder mehr geliebt hat, deshalb …« zu einem Opfer der Vergangenheit.

Die Vergangenheit ist vergangen und lässt sich nicht mehr ändern. Das ist für Sie mit Ihrem Symptom nicht gerade ermutigend, oder?

Der systemisch ausgebildete Therapeut in mir stellt nun eine ganz andere Frage: »*Wozu* haben Sie das Problem, das Symptom?« Und nicht mehr: »*Warum* haben Sie das Symptom?« Damit schauen wir nicht in die Vergangenheit, sondern in die Gegenwart – und da kann man auch etwas ändern. Lassen Sie mich mit der systemischen Brille auf der Nase einmal auf Ihren und meinen inneren Kritiker schauen.

Viele Menschen kommen sehr deprimiert und resigniert zu mir in die Therapie und sie haben, nachdem sie das Modell der inneren Anteile erklärt bekommen haben, schnell den Eindruck, auch sie fühlen sich von ihren inneren Stimmen angetrieben, entwertet und öfter auch massiv kritisiert. Kein Wunder, denn dieses innere Abwertungsprogramm läuft wie bei einer beschädigten Schallplatte schon seit Jahren und Jahrzehnten.

In der therapeutischen Arbeit – wie auch im Alltag – sind diese inneren Antreiber, Kritiker und Fehlerzähler sehr störend und führen häufig zu einer abrupten Verschlechterung des Befindens, zu plötzlichen Stimmungseinbrüchen und nagenden Selbstzweifeln. So ist es nicht verwunderlich, dass Therapeuten und natürlich auch Patienten den inneren Kritiker und »Meckerer« loswerden wollen – der innere Kritiker hat meist eine schlechte Presse und scheint uns eher ein Feind zu sein als ein hilfreicher Freund.

Diese psychoanalytisch geprägte Sicht auf den inneren Kritiker als einen »Feind im Selbst« lässt therapeutisch keine andere Möglichkeit zu, als diesen dann nach außen loszuwerden (in der Übertragung auf den Therapeuten) und ihn am besten für immer zu vernichten.

Mein in diesem Buch vorgetragener hypnotherapeutischer Umgang mit den Phänomenen der inneren Zuchtmeister setzt bei einer ganz anderen Einstellung zur Symptombildung an: bei der systemischen Sicht, die ich zuvor, als ich die »Wozu-Frage« einführte, schon angedeutet habe. Das Denken, dass ich bei den Hypnosystemikern gelernt habe, ist für mich trefflich im folgenden Satz von Gunther Schmidt zusammengefasst:

Das Symptom ist nicht das Problem,
sondern die Lösung für ein Problem.

Aus dieser Sicht sind die Stimmen der inneren Kritiker, Fehlerzähler und Entwerter nichts anderes als Symptome wie viele andere auch (zum Beispiel Angstzustände, Durchfall, Kopfschmerzen usw.). Das will ich Ihnen nun näher erläutern ...

Sind Sie noch dabei? Oder brauchen Sie vorher noch eine Auszeit? Tun Sie erst mal, was Ihnen guttut! Danach mute ich Ihnen ein paar Geisterfahrer-Gedanken zu. Sie wissen ja: »Der Kopf ist rund, damit die Gedanken die Richtung ändern können«.

Okay, wieder dabei? Dann leg ich los!

KURZE VORLESUNG ÜBER DIE SYSTEMISCHE SICHT DER SYMPTOMBILDUNG

Wenn wir uns entschließen könnten, nicht mehr vor dem inneren Kritiker wegzulaufen, sondern unseren ganzen Mut zusammennehmen und einmal stehen bleiben, uns langsam umdrehen und dann fragen würden: »Warum kritisierst und verfolgst du mich?« – was glauben Sie, würde er sagen? »Weil du mich gerufen hast!« Huch – wie – was?? Ich sehe Ihr ungläubiges Gesicht geradezu vor mir ... Um das zu erklären, muss ich etwas ausholen.

»Reframing« (Neurahmung, Umdeutung) ist ein Begriff aus der systemischen Psychotherapie, der von der bekannten Familientherapeutin Virginia Satir eingeführt wurde. Mit Reframing ist eine Technik gemeint, die hilft, den Rahmen der Wahrnehmung und Bedeutungsgebung für den Patienten neu zu gestalten. Symptome, Erlebnisse und Verhaltensweisen werden aus einer neuen Perspektive betrachtet und auf neue Weise beschrieben, sodass sich damit auch die Bedeutung, die wir dem Thema beimessen, verändert. Wie Gunther Schmidt (2004) immer wieder betont, kann das Umbenennen eines Erlebens bereits eine sehr mächtige und wirkungsvolle Intervention, das heißt Ermutigung zur Veränderung in der Therapie sein. Ein Beispiel dazu aus dem Alltag: »Scherben bringen Glück!« Hier wird das Unglück und die Trauer über den Verlust des Geschirrs ebenfalls umgedeutet: Das gebrochene Geschirr (Verlust) ist die positive Erfüllungsbedingung für einen weit höheren Wert – das Glück.

Wenn wir ein bestimmtes Symptom, zum Beispiel unsere Ängste, unser nächtelanges Grübeln oder die Kritikerstimme mit ihrem wiederholten »Du bist ganz schön doof und peinlich« ausschließlich als negativ und unangemessen erleben, so wird diese Haltung selbst zum Problem. Warum? Weil wir endlos viel Zeit und Energie darauf verwenden, das Symptom abzuschaffen, loszuwerden. Hier gilt der Spruch: »Wenn du ein Symptom verstärken willst, dann versuche es loszuwerden!« Gerade durch das viele Dagegen-Ankämpfen werden die Lösung beziehungsweise die Lösungsversuche letztlich selbst das Problem. Wir sind müde und resigniert und nichts hat sich verändert.

Wenn wir stattdessen versuchen, das Symptom aus einer neuen Perspektive zu betrachten, können wir feststellen, dass es in mancher Hinsicht ein durchaus sinnvolles Verhalten ist, dass es vielleicht die bislang bestmögliche Lösung für ein tiefer liegendes

Etwas darstellt. Das wäre dann die zugrunde liegende positive Absicht des Symptoms; und damit kann das bisher ausschließlich abgewertete Symptom zu einer Quelle von neuen Informationen, Fähigkeiten und damit wiederum Lösungen werden. Durch Reframing können also Symptome zu Ressourcen werden.

Das Prinzip der positiven oder *guten Absicht* taucht im Denken vieler Therapieschulen auf, die vom genialen Psychotherapeuten Milton H. Erickson[9] (1901–1980) inspiriert wurden. Auch das Teile-Konzept der Ego-State-Therapie von John und Helen Watkins, in dem ich ausgebildet wurde, beruht auf der Annahme, dass alle »Teile« im Unbewussten eine positive Funktion ausüben – dass also dem, was sie tun und was sie sagen, eine positive Intention zugrunde liegt. Die Idee der guten Absicht ist eine Arbeitshypothese für viele Änderungstechniken der Hypnotherapie.

Auch wenn wir heute davon ausgehen, dass jedes (unerwünschte!) Symptom »eigentlich« Ausdruck einer dahinterliegenden guten Absicht ist, so heißt das trotzdem noch lange nicht: Hör auf zu jammern, es ist alles nur zu deinem Besten.

Es gilt vielmehr, diese gute Absicht auf anderem, angemessenerem Wege zu erreichen. Für die Lösung mit Symptom zahlen wir einen verdammt hohen Preis: Unzufriedenheit, wenig Spaß am Leben und das Gefühl, den Symptomen hilflos ausgeliefert zu sein – etwas passiert ganz unwillkürlich und ich kann nichts dagegen tun.

Kommen wir mit diesem Wissen nun zur Botschaft des inneren Kritikers zurück und lassen Sie uns nie vergessen, dass hinter jedem inneren Kritiker im Verborgenen ein verletzter Kindanteil von uns zu vermuten ist, den der Kritiker als Wächter schützt.

Wenn wir uns jetzt aber aus Mitgefühl wiederum zu sehr auf den verletzten Kindanteil konzentrieren, schaffen wir als Therapeuten ein Ungleichgewicht im inneren System unseres Patienten, weil wir die vom Patienten schon abgewertete innere Kritikerseite noch weiter abwerten. Es ist besser, davon auszugehen, dass die Bildung eines inneren Kritikers einen kompetenten Lösungsschritt des Patientensystems darstellt, eine Form kontextbezogener Kompetenz, eine, um es noch genauer zu sagen, *verzweifelt hilflose Lösungsstrategie.* Gunther Schmidt sagte dazu: »Die Bildung eines inneren Kritikers ist ein hochkompetentes Verhalten unter bestimmten Bedingungen, wo dieses als einzige Lösung erscheint.«[10]

Die Frage, die Sie und mich an dieser Stelle beschäftigen sollte, lautet nicht, wie kann ich die Kritiker, Fehlerzähler und Einpeitscher in uns abschaffen, sondern: Wie kann ich optimal mit ihnen umgehen?

Lassen Sie mich einen Moment innehalten: Bitte schauen Sie sich noch einmal meine Zeichnung »Ach Gott, bist du peinlich!« am Ende von Kapitel 2 an. Über den schamvoll knienden Menschen werde ich im nächsten Kapitel schreiben. Aber werfen Sie einen Blick auf den Wütenden mit dem nach unten weisenden Finger, als wollte er einem Hund sagen: »Platz!« Schlimm genug, wenn der eine oder andere von uns das so im Außen erlebt hat, aber das auf unserer inneren Bühne: ein gedemütigtes, beschämtes inneres Kind und ein wütender, entwertender Kritiker. Da gruselt es einen etwas.

Lassen Sie mich zur Ehrenrettung dieses Kritikers eine andere Perspektive einnehmen: Wenn ich einer meiner inneren Kritiker im obigen persönlichen Beispiel mit dem Mond-Gedicht wäre und hätte ich damals die Hilflosigkeit, die Beschämung und Angst des kleinen Jochen vor dem Vater mitbekommen, dann würde ich alles tun, damit so etwas nicht wieder passiert – also nie wieder Peinlichkeit, Scham, Liebesverlust, Bestrafung, Schuldgefühle usw. Aber um so etwas zu vermeiden, muss ich als Kritiker stark sein, muss Kontrolle ausüben und muss fordern können, um zu schützen. Innere Kritiker beobachten, dass die Beschämer, Bestrafer, Kritikereltern usw. die Macht, Kontrolle und Oberhand haben, und sie erobern sich ein Stück Macht und Kontrolle zurück, indem sie die bösartigen Handlungsweisen ihrer Bestrafer auf der inneren Bühne imitieren. Sie haben nur ein »Machtmodell« von Kommunikation, dass sie verinnerlicht haben. Das führt dazu, dass sie die anderen Innenteile und manchmal auch andere Menschen heftig attackieren. Deshalb treten kontrollierende innere Kritiker als stark, mächtig, mutig und unbesorgt auf. Zu einem gewissen Grad entspricht dieses Auftreten auch der imitierten Rolle. Somit erlebe ich mich als ganzer Jochen für den Moment nicht mehr hilflos, sondern kann etwas tun: Ich muss nur die Anweisung des Kritikers befolgen.

Dieser positive Aspekt sei noch erwähnt: Positive Kontrolle steigert das Handlungsvermögen und führt aus der Hilflosigkeit. Unter dem Schleier von Macht und Kontrolle können sich innere Kritiker jedoch oft ganz schön fragil fühlen – eigentlich sind es ja kindliche oder pubertierende Anteile. Innere Kritiker sind bezüglich Raum und Zeit sowie der eigenen Identität und Fremdem gegenüber nicht gut orientiert und sind ziemlich starr auf eine Vergangenheit ausgerichtet, die ihnen wie ihre Gegenwart erscheint. All diese Aspekte sollten wir im Kopf behalten, wenn wir mit ihnen in Kontakt treten.

Aus dem inneren Kritiker als Existenzgegner sollte ein Partner werden – was in vielen Fällen sicher ein etwas zu hoch gestecktes Ziel ist. Der Schlüssel zu alldem lautet: Was ist die *gute Absicht* hinter all den Vorwürfen, Verurteilungen und Entwertungen? Das habe ich in diesem Kapitel hoffentlich deutlich gemacht. Und an den inneren Kritiker gewandt: Nicht: »*Warum* verhältst du dich so?« Sondern: »Wozu verhältst du dich so?«

Diese *gute Absicht* des Kritikers zu erforschen gelingt uns aber nur, wenn wir uns nicht in der kindlich-hilflosen Position befinden (der Erwachsene hat sich dann mit dem traumatisierten Kind identifiziert – davon mehr gleich im nächsten Kapitel), sondern in der Position unseres »Steuerungs-Ich« (Gunther Schmidt) oder des Erwachsenen-Ich, Alltags-Ich in der Sprache der hypnoanalytischen Teile-Therapie.

DAS KRITISIERTE KIND IN UNS

Gegen Ende des vorherigen Kapitels habe ich geschrieben: »Lassen Sie uns nie vergessen, dass hinter jedem inneren Kritiker im Verborgenen ein verletzter Kindanteil von uns zu vermuten ist, den der Kritiker als Wächter schützt.« Ich bin davon überzeugt, dass wir die Kritiker in uns erschaffen, um die verletzten, verlassenen, gekränkten und manchmal auch missbrauchten Seiten von uns vor noch mehr Leid zu schützen – zuerst die Wunde des verletzten Kindes, dann das Pflaster des inneren Kritikers.

> *Einen Kritiker im Inneren aufzubauen, steht als Lösungsversuch für berechtigte und anerkennenswerte Wünsche und Sehnsüchte des Kindes – letztlich für den Wunsch, geliebt, geschützt und bestätigt zu werden.*

Damals gab es keine andere Lösung, als sich die Sicht des äußeren Kritikers – das waren meist Vater und Mutter, die Lehrer usw. – zu eigen zu machen, um das Überleben zu sichern. Heute mag das alles anders sein, wenn wir uns in der erwachsenen Position befinden. Die Loyalitätskonflikte mit den frühen Bezugspersonen, namentlich mit den Eltern, lassen uns aber immer wieder an den frühen Sehnsüchten festhalten und sind der Klebstoff, der uns heute noch an die unerfüllten Wünsche der Kindheit bindet. Diese alten Muster sind unwillkürliche Prozesse aus unserem Mittelhirn (limbisches System) und niemals bewusst steuerbar – sie sind Restriktionen[11] und setzten sich immer wieder durch. Wenn wir also heute als Erwachsene von unserem inneren Kritikeranteil attackiert oder verurteilt werden, dann gibt es immer einen zweiten Teil in uns, der auf die Attacke reagiert und sich sofort verletzt, traurig oder wertlos fühlt – es ist *nicht* der Erwachsene, sondern das Kind in uns, das all diese Verletzungen von früher noch mit sich herumträgt. Diesen Teil nennen wir das *kritisierte Kind.* Für dieses verletzte Kind ist die Zeit stehen geblieben. Es empfindet und reagiert heute wie damals, zu dem Zeitpunkt, als die Verletzung passierte, auch wenn das alles vielleicht schon 30 Jahre oder länger her ist.

Es ist mir wichtig, Ihnen deutlich zu machen, dass es immer verschiedene Selbstanteile in uns sind, die reagieren, wenn eine Herausforderung uns heute zu überfordern scheint: Da gibt es den bewusst planenden Erwachsenenanteil (unser Alltags-Selbst), den inneren Kindanteil, der durch die Ähnlichkeit der Situation von heute mit der von damals aktiviert wurde, den inneren Kritiker und viele andere Anteile mehr. Es würde uns sehr helfen, wenn wir die Wiederholungssituation als solche erkennen und uns beruhigend sagen würden: »Ach ja, das ist wie damals, da muss ich aufpassen, da reagiere ich oft so sensibel, weil die Verletzung damals ziemlich unter die Haut gegangen ist. Aber heute schaffe ich das, ich habe viel dazugelernt: Heute ist nicht damals.« Das wäre ein optimaler Umgang mit den Gespenstern der Vergangenheit – aber wer ist schon perfekt!

Wenn die Wunde von damals in uns immer noch sehr heftig ist, die Enttäuschung oder Verletzung über/durch Vater und Mutter immer noch schmerzt, dann wird das Erwachsenen-Ich blitzschnell vom Kind in uns überrollt und glaubt: Heute ist wieder wie damals. Wir sagen: Der Erwachsene identifiziert sich mit dem verletzten Kind, oder das verletzte Kind aus dem emotionalen Gedächtnis im Mittelhirn kapert die erwachsenen Steuerungsfunktionen des Großhirns. Und wenn es plötzlich nach Vergangenheit riecht, dann tritt auch der Kritiker auf den Plan, um mögliches Unheil zu verhindern. Wenn sein Alarmsystem anspringt, denkt er nur: »So wie damals darf es nie wieder werden«, und er legt los. Seine Art der Wundversorgung ist oft reichlich schmerzhaft – Sie wissen ja, gut gemeint ist manchmal das Gegenteil von gut. Aber kommen wir wieder auf unsere inneren Kindanteile zurück.

Neben Persönlichkeitsanteilen, die heute für die Bewältigung unseres Alltagslebens zuständig sind, haben wir alle Selbstanteile in uns, deren subjektiv empfundenes Alter nicht dem tatsächlichen Alter der Person entspricht, wie es im Personalausweis steht. Diese jungen Teile – ich habe sie gebündelt »die inneren Kinder« genannt, obwohl es auch innere Schulkinder und Teenager gibt – sind Träger guter Erinnerungen aus der Kindheit, aber auch verletzender oder gar traumatischer Erfahrungen. Diese Kindanteile scheinen in den verletzenden Erfahrungen »stecken geblieben« zu sein. »Die Gedanken, Gefühle, Wahrnehmungen und das Verhalten dieses Anteils oder dieser Anteile sind so geartet, als spielten sich jene Vorgänge (zumindest partiell) in der Gegenwart weiterhin ab oder als könnten sie sich jederzeit wiederholen. Diese Persönlichkeitsanteile können nicht von Verhaltensweisen lassen, die vor Gefahr schützen, selbst wenn ein solches Handeln der Situation überhaupt nicht angemessen ist« (Boon et al. 2013, S. 53).

Diese kindlichen Teile in uns, die die Welt und ihre Herausforderungen heute mit der Brille der Vergangenheit sehen und in Kränkung, Verlassenheitsangst und Minderwertigkeit festhängen, diese Kindheitserfahrungen müssen bei uns allen geschützt werden. Was heißt hier »Schutz«?, werden Sie sich vielleicht fragen. Das heißt, dass ein Persönlichkeitsteil in uns alles daransetzt, dass sich die Gefühle von Scham, Schuld, Verlassenheit usw. nicht mehr wiederholen. Und der Teil, der neben anderen Selbstanteilen für diese »Firewall« zuständig ist, das ist der innere Kritiker.

DIE NARBEN AUF UNSERER KINDLICHEN SEELE

Wenn ich mir selbst und meinen Patienten zuhöre und mir überlege, wie die Arbeitsplatzbeschreibung eines inneren Kritikers aussehen könnte, vor was er mich schützen sollte und für welche Themen in den gemiedenen Winkeln meiner – Ihrer – Seele er zuständig sein könnte, dann fallen mir eine Reihe von schmerzlichen Themen ein, die jeder von uns mehr oder weniger gut kennt.

Ich werde Ihnen jetzt gleich einige dieser Themen vorstellen; Ihre Aufgabe dabei ist es, meine Worte und Bilder in sich nachklingen zu lassen und sich zu fragen: Ist das auch mein Thema? Habe ich auch so ein inneres Kind in mir, welches sich von so etwas geängstigt und verletzt fühlt? Gibt es Wunden, die meist gut verpflastert und verborgen sind, seit Jahren aber doch nicht abheilen?

Zuerst einmal gilt es für den inneren Kritiker, einen sensiblen Menschen mit einem verletzten Kind in seiner Seele erneut vor *Beurteilung und Zurückweisung* zu bewahren. Sein Hauptziel ist es, Sie davor zu schützen, dass Sie von anderen be- und verurteilt, lächerlich gemacht, zurückgestoßen, angegriffen oder ausgebeutet werden. Dafür haben Ihre verschiedenen Kritiker unterschiedliche Strategien entwickelt, um auf Sie und das verletzte Kind in Ihnen einzuwirken. Hier ein paar Beispiele für die Denkweise der kritischen Innenteile:

- *Der Perfektionist:* Wenn ich perfekt bin, werde ich gemocht und nicht ausgeschlossen.
- *Der Antreiber:* Immer härter arbeiten, kein Mittelmaß akzeptieren – das bringt gute Noten.
- *Der Allen-Rechtmacher:* So sein, wie die anderen es erwarten. Dann erlebe ich keine Ausgrenzung und darf dabei sein.

Ein weiteres Ziel der Kritiker ist es, nicht nur möglichen Schaden abzuwehren, sondern auch proaktiv um *Wertschätzung und Anerkennung* zu kämpfen. So versuchen innere Kritiker mit ihren Tiraden und Redebeiträgen Sie dazu zu veranlassen, viel dafür zu tun, um von Ihren Mitmenschen Aufmerksamkeit, Zustimmung oder Bewunderung zu ernten. Der Perfektionist und der Antreiber verkünden Ihnen: »Wenn du perfekt bist und dazu noch erfolgreich in deinem Tun, dann wirst du von allen geliebt und bekommst die Aufmerksamkeit, die du dir immer schon gewünscht hast.« Die Allen-Rechtmacher flöten uns ins Ohr: »Wenn du so wirst, wie die Eltern und/oder die Gesellschaft dich gerne haben wollen – smart, cool, schlau, sexy usw. –, dann wirst du endlich die Liebe bekommen, die du immer vermisst hast.« Klingt doch irgendwie gut, oder? Kennen Sie das?

Ein weiterer Arbeitsauftrag des inneren Kritikers oder auch seines Teams besteht darin, Sie *vor Schaden zu schützen.* Hier hat der innere Kontrolleur natürlich alle Hände voll damit zu tun, uns ständig zu ermahnen: »Iss nicht zu viel (oder zu wenig), sei vorsichtig mit Alkohol, Zigaretten und Drogen!« Aber auch: »Sei nicht aggressiv, halte dich zurück mit Fragen, fall nicht auf und sei bescheiden.« Kennen Sie das?

Außerdem soll der innere Kritiker uns noch als Erwachsene darin unterstützen, uns *vor Angriffen von außen zu schützen.* Wenn wir »leichtfertig« einen sarkastischen Leserbrief mit unserer Meinung über die nervigen Kothaufen der Stadtköter an die Tageszeitung schreiben, wenn wir bei einer Hausversammlung ans Mikrofon treten und uns über das Unkraut im Vorgarten beschweren oder uns generell mal arg aus dem Fenster lehnen – sofort gibt es da eine Stimme: »Das könnte schiefgehen, du könntest dich Angriffen aussetzen, halt lieber die Klappe!«

Und als ob das nicht schon genaue Aufgaben wären, kommt noch Folgendes dazu: Ich habe mit Menschen gesprochen, die eine Stimme in sich haben, die sie ständig dazu anleitet, »nicht so zu sein, wie die Eltern es waren« – eine Art *Dauer-Neinsager.* Wenn Sie so etwas kennen, dann weiß Ihr innerer Kritiker nur eines genau: So wie die sind – bürgerlich, spießig, peinlich, frömmelnd, »einfach total ballaballa« usw. – so will ich nicht sein. Das Einfachste scheint es für den Dauer-Neinsager zu sein, von allem das Gegenteil zu machen. Aber: Mit so einer Anti-Elterneinstellung hat man es auch nicht leicht!

Um die innige Verbindung zwischen verletztem innerem Kind und dem inneren Kritiker zu verdeutlichen, hier ein Beispiel aus der Praxis.

Eine Patientin von mir, die ich hier Frau Grün nenne, schämte sich immer in Grund und Boden, wenn sie spürte, dass an irgendeinem Moment im Leben Wut in ihr aufstieg. Frau Grün war der festen Überzeugung, dass nur jemand, der »böse« ist, wütend werden könne. Ihr rationales Argument war, dass sie natürlich Angst vor den Konsequenzen hatte, sollte sie ihre Wut am Arbeitsplatz oder gegenüber ihrer übergriffigen Freundin äußern. Sie hatte nicht gelernt, ihre Wut angemessen zu regulieren und sich damit selbst zu steuern, sondern verpasste sich negative Etiketten (»Du bist ein Versager ... zu allem zu blöd« usw.) und fühlte sich dementsprechend immer elender. Sie schwor sich, alles zu vermeiden, was Wutgefühle in ihr erzeugen könnte, und ging Menschen immer mehr aus dem Weg. Ihr Ziel war es, nicht mehr von Scham, Schuld und Abscheu überwältigt zu werden, wenn sie spürte, dass Wut in ihr hochkroch.

So entwickelte sich eine Phobie vor dem eigenen inneren Erleben und ein innerer Kritiker übernahm die Aufgabe, alles zu tun, um heftige Gefühle zu vermeiden. Die inneren Kritiker – im Falle von Frau Grün ein innerer Allen-Rechtmacher in Allianz mit einem inneren Perfektionisten – bewerteten ständig ihr inneres Erleben und begannen zwischen »guten« und »schlechten« Gedanken, Gefühlen usw. zu unterscheiden. Sie bewerteten auch die Gesamtperson: »Wut ist etwas Böses und Gefährliches, also muss ich böse und gefährlich sein, denn ich bin ja wütend.«

Als wir in der Therapie begannen, nach dem Selbstanteil zu suchen, der von den Kritikern in der Gegenwart geschützt wurde, fanden wir ein gedemütigtes Kind von ca. sechs bis sieben Jahren. Frau Grün hatte damals bei sehr pietistischen Eltern gelernt, dass es etwas Böses war, Wut zu haben, und der »Liebe Gott« einen dafür bestrafe und nicht mehr liebe. Wohin aber dann mit der reaktiven Wut, wenn der ältere Bruder sie wieder ärgerte und als Mädchen entwertete? Um die Liebe derer nicht zu verlieren, die damals zum Überleben notwendig waren, kamen ihr die inneren Kritiker zu Hilfe und formten sie mit inneren Drohungen und Geboten zu einem »mucksmäuschen braven« Kind.

Es wird nun Zeit, die verletzte, kindliche Seite auch hinter dem Satz Ihres inneren Kritikers zu entdecken. Bitte rufen Sie sich dazu Ihren Kritikersatz ins Bewusstsein. Falls er Ihnen entfallen ist, schauen Sie noch einmal in den Anhang des Buches, welche Sätze Sie dort notiert haben.

Fragen Sie sich:

Vor welchem schmerzlichen Gefühl, welcher Erfahrung schützt mich der Satz meines inneren Kritikers?

Geht es um Beurteilung und Zurückweisung, um die Angst, nicht gemocht und ausgegrenzt zu werden? Geht es um drohendes Verlassenwerden, um Schmerz, um Trauer usw.? Welche Kindheitssituation fällt Ihnen ein, die der innere Kritiker verzweifelt versucht, vergessen zu machen? Was hat Ihnen genau Schmerz zugefügt, als Sie ein Kind, eine Jugendliche waren? Wenn es Ihnen schwerfällt, diese Szene in der Vergangenheit zu erinnern, hier noch eine kleine Hilfe:

Sprechen Sie mehrfach den Inneren-Kritiker-Satz laut vor sich hin. Bitte versuchen Sie zu erspüren, wie es sich anfühlen würde, wenn Sie den Satz nicht beherzigen würden. Was würde dann schlimmstenfalls passieren? Würden Sie befürchten, beschämt zu werden? Hätten Sie Angst vor einem Verlassen-Sein? Vor Strafe? Müssten Sie sich mit Schuldgefühlen quälen? Hätten Sie das Gefühl, eigentlich unerwünscht zu sein?

Wenn Sie jetzt das Gefühl identifiziert haben, dann reisen Sie mit dem »Memory-Train« zurück in Ihre Vergangenheit und steigen an dem Bahnhof aus, wo das Gefühl das erste Mal in Ihrem Leben als Kind auftauchte.

Sind Sie jetzt da, wo das verletzte innere Kind und der innere Kritiker entstanden sind? Gut! So wie bei mir in der Episode mit dem Gedicht »Der Mond ist aufgegangen« – erinnern Sie sich?

Wenn Sie die »Ur-Episode« gefunden haben, schreiben Sie sie auf – wenn nicht, schlafen Sie erst mal eine Nacht darüber, vielleicht taucht sie ja in den Träumen auf und Ihr Unbewusstes schickt Ihnen einen Hinweis.

Eines ist mir dabei sehr wichtig:

Bleiben Sie innerlich zu alldem auf Distanz, schauen Sie sich die alte Verwundung *kurz* an, sagen Sie sich: »Ach ja, so war das … Heute ist aber Gegenwart und ich bin erwachsen«, und schreiben Sie dann die Episode auf. Aber bleiben Sie sich dabei immer bewusst: Ich bin hier, das ist ein Buch, das ich gerade lese, und der Mensch, mit dem ich mich im Moment über ein »Gedankentelefon« unterhalte, heißt Jochen Peichl und schreibt mehr oder weniger interessante Bücher.

So weit, so gut! Aber in Bezug auf das innere Kind gibt es eine schwierige Seite, die ich Ihnen nicht vorenthalten möchte. Ich will hier keine Sozialromantik betreiben, nicht das sogenannte innere Kind feiern oder idealisieren, ich will auch keinen Spiegel-Bestseller schreiben wie Stefanie Stahl mit *Das Kind in dir muss Heimat finden. Der Schlüssel zur Lösung (fast) aller Probleme* (2015). Ich will Ihnen stattdessen Bilder und Metaphern anbieten, um seelische Vorgänge besser zu verstehen und steuern zu lernen. Deshalb kommt jetzt etwas aus dem Bereich »Kritische Gedanken«.

Zuvor hatte ich geschrieben: »Für dieses verletzte Kind ist die Zeit stehen geblieben. Es empfindet und reagiert heute wie damals, zu dem Zeitpunkt, als die Verletzung passierte …« Das stimmt, das ist aus der Sicht des inneren Kindes verständlich, es lebt in der Vergangenheit. Aber wie ist das für den Erwachsenen heute? Die Gegenwart immer aus der Sicht der Vergangenheit zu betrachten nervt: So bleiben wir immer Opfer unserer Vergangenheit und das blockiert die Entwicklungsmöglichkeiten des Erwachsenen heute. Dieser gebannte Blick in die Vergangenheit kann so etwas wie eine Selbsthypnose erzeugen und zwingt uns dann, die Gegenwart als Wiederholung der Vergangenheit zu erleben. Das nennt Stephen Wolinsky (1995) in seinem gleichnamigen Buch *Die dunkle Seite des inneren Kindes* – also eine Musterbildung mit selbsthypnothischem Effekt.

Was können wir tun, um unser Gehirn dazu zu bewegen, die eingefahrenen Muster aufzugeben und bestimmte Abkürzungen nicht mehr zu nehmen? Wir müssen lernen, uns von den Lösungsstrategien und Musterbildungen (inneres Kind und innerer Kritiker) der Vergangenheit zu lösen, indem wir sie wahrnehmen, sie als Lösungen im Dort und Damals wertschätzen, sie nicht verdammen oder idealisieren und nach Lösungen im Hier und Jetzt suchen. Dazu mehr im Folgenden.

WAS IHR INNERER KRITIKER MIT DEM ZAUBERER VON OZ ZU TUN HAT

Ich weiß nicht, ob sich Ihre Überraschung schon gelegt hat, als Sie mit mir entdeckten, dass der innere Kritiker mit seinen Tiraden eigentlich eine *gute Absicht* verfolgt – der innere Miesmacher und Erbsenzähler ist eigentlich ein Beschützer für das verletzte Kind in uns allen. Ich selbst habe das in der Therapie mit vielen meiner Patienten immer wieder so erlebt, auch wenn die Patienten anfangs ähnlich ungläubig waren wie vielleicht Sie – willkommen im Klub der Zweifler.

Ihr innerer Kritiker hat sich in den vergangenen Jahren redlich bemüht, Strategien zu erschaffen, um Ihnen zu helfen. Er ist überzeugt, dass er Sie durch Druck, Entwertung und Kontrolle vor Schmerz, Beschämung und Verlust bewahren kann – vor Erfahrungen, die Sie schon einmal in grauer Vorzeit als Kind an den Rand von Verzweiflung und Leid geführt haben. Sein Muster ist ganz einfach: Sei immer perfekt, kontrolliert, erfolgreich, liebenswert, blitzschnell, angepasst usw., dann bist du auf der sicheren Seite. Nur dann wirst du nie mehr beschämt oder zurückgestoßen, und du wirst Anerkennung von den Menschen bekommen, die für dich wichtig sind. Ein einfaches Erfolgsrezept: Mach keine Fehler, dann ist alles gut.

Da fragt man sich schon, wer sich so etwas einfach Gestricktes ausgedacht hat. Ganz einfach: ein Kind! Das ist Kinderlogik! Geben Sie mir etwas Zeit, das zu erklären.

Als die Seelenverletzung in der Kindheit stattfand und Sie in höchster Not waren, weil Sie befürchteten, die Liebe derer zu verlieren, von denen Sie abhängig waren, da sagten Sie sich (unbewusst) heimlich: *Ich muss so werden, wie sie mich wollen, muss tun, was sie sagen, und mich total anstrengen.*

Sie übernahmen die Gebote, Verbote, Forderungen und Überlebensgesetze in Ihr Inneres – Sie introjizierten die Wertenormen der »überlebenswichtigen anderen« und identifizierten sich damit. Da Sie zu der Zeit ein Kind oder eine Jugendliche waren, geschah das alles mit Ihrem Kinderverständnis, mit Ihrer Kinderlogik und brannte sich sehr basal in Ihr Gewissen, in Ihr Über-Ich, wie die Psychoanalytiker dies nennen. Somit sind viele innere Kritiker eigentlich Kindanteile, die die Last auf sich genommen haben, Sie zu schützen, indem sie die Erwachsenen draußen mit ihren Forderungen im Innenraum imitieren.

Wir haben in einer Seelen-Notsituation in unserer Kindheit also zwei Selbstanteile, die einen Lösungsversuch für die Pein und den Schmerz darstellen: ein verletzter Kindanteil, welcher die traumatische Erfahrung in sich trägt (die Gedanken, Gefühle, Körperempfindungen, Bilder usw.) und einen kindlichen Anteil, der blitzschnell die Forderungen, Normen, Werte, Bedürfnisse des Gegenübers erfasst und sich zu eigen macht – die innere kritische Stimme. Dieses Nothilfeprogramm in einem Moment der seelischen Pein ist unbewusst und über unser neurobiologisches Empathiesystem in den Spiegelneuronen[12] gesteuert. Aus dem inneren Stellvertreter für den versagenden, entwertenden und fordernden Erwachsenen außen wird bald der innere Repräsentant der »Übermacht« – *der innere Kritiker.* Er entwickelt sich Schritt für Schritt mit uns von der Kindheit bis ins Erwachsenenalter. Jedes Mal, wenn er Erfolg damit hatte, uns durch seine Ermahnungen vor einer erwarteten Verletzung, Kränkung, einem Verlassenwerden bewahrt zu haben, wird er mächtiger und stärker. Er behauptet, die Tatsache, dass es mir heute einigermaßen gut geht, habe er bewirkt (weil er so viel gemahnt, gemeckert, kritisiert ... hat). Dass er mit dieser Behauptung *nicht* recht hat, ist aber schwer zu beweisen.

Aus dieser Überzeugung zieht der innere Kritiker auch seinen Überlebenswillen: »Wäre ich nicht da, gäbe es dich vielleicht gar nicht mehr – du wärst vor Gram und Leid verstummt!« Sie sehen, es hat gar keinen Zweck, den inneren Kritiker zu bekämpfen oder gar zu versuchen, ihn ganz loszuwerden: Ein Programm in unserem Bio-Computer, das sich zum Überleben bewährt hat, kann man nicht abschaffen! Wenn Sie es versuchen, wird es bis zum Letzten ums Überleben kämpfen – so wie Bodyguards, die bereit sind, sich in die Kugeln des Angreifers zu werfen, um den Präsidenten zu schützen.

Was hat das alles mit dem Zauberer von Oz zu tun?

Die Hauptfiguren der Erzählung sind Dorothy, ein junges Mädchen aus Kansas, ihr kleiner Hund Toto, die Vogelscheuche, die gerne Verstand hätte, der Blechmann, dem das Herz fehlt, und der feige Löwe, der sich Mut wünscht. Als sie nach vielen Abenteuern auf dem Weg endlich in der Höhle des »Großen und Schrecklichen Oz« ankommen, erleben sie furchtbar beängstigende Dinge, eine technicolorbunte Extraschau von Horrorfratzen aus Tönen und Bildern an den Wänden. Schon wollen die Gefährten voller Angst weichen, da nimmt sich das Hündchen Toto ein Herz und zieht den Vorhang weg, hinter dem sich der »Schreckliche Zauberer« verbirgt. Und hier fällt endlich der entscheidende Satz: »Achten Sie nicht auf den Mann hinter dem Vorhang!« Natürlich ist es der Mann hinter dem Vorhang selbst, der diesen Satz sagt – ein lächerliches altes Männlein, das in einer kleinen Kabine an Dutzenden von Hebeln und Kurbeln hantiert und damit die Illusion eines mächtigen Zauberers von Oz erzeugt. Er müsse doch wohl ein sehr böser Mensch sein, fährt Dorothy den Betrüger von Oz enttäuscht an. »Nein, ich bin ein sehr guter Mensch«, repliziert er, »ich bin nur ein sehr schlechter Zauberer«.

Und der »schreckliche Kritiker« in uns allen? Ein kindlicher Selbstanteil, der schrecklich viel Wirbel macht, aber es eigentlich gut mit uns meint. Aber gut gemeint ist halt oft das Gegenteil von gut – das kennen wir ja schon.

So, nun können wir unser bisheriges Wissen über den »schrecklichen inneren Zauberer« in einer Personenbeschreibung zusammenfassen:

Steckbrief des inneren Kritikers

Gesucht wird ein Kopfbewohner, der als der erbittertste Feind des Selbstmitgefühls gilt, der nie ein gutes Wort für uns übrig hat und uns auf Schritt und Tritt begleitet. Er kommentiert alles, was wir tun und sagen, und verhindert, dass wir Mitgefühl für unsere Schwächen und Fehler haben.

Personenbeschreibung:

- Wechselt häufig den Namen und nannte sich schon: Fehlerzähler, Schwarzseher, Miesepeter, Dauernörgler, Bedenkenträger, Besserwisser, ewiger Kritiker, Saboteur usw.

- Als Berufsbezeichnung gibt er »Kontrolleur«, »Perfektionist«, »Antreiber«, »Allen-Rechtmacher« oder »Be- und Verurteiler« an.
- Gibt sich meist sehr drängend, be- und entwertend und kompromisslos.
- Statt uns den Fehler zu verzeihen und Verständnis dafür zu haben, dass wir nun mal nicht perfekt sind, streut er noch Salz in die Wunde, indem er uns einredet, blöd, minderwertig oder ein Versager zu sein.
- Auf den zweiten Blick kann man erkennen, dass der innere Kritiker selbst ängstlich und sorgenvoll ist. Sein Satz »Du bist dick, fett und gefräßig« meint eigentlich: »Pass auf, dass du nicht verletzt wirst«.
- Der innere Kritiker wirkt sehr hilflos: Ähnlich wie Eltern manchmal aus Sorge und Hilflosigkeit übertrieben heftig auf eine Aktion ihres Kindes reagieren, verhält sich der innere Kritiker oft unangemessen: Er versucht uns durch harsche Kritik von seiner Position zu überzeugen.
- Wenn man ihn besser kennenlernt, erkennt man: Er hat eigentlich gute Absichten, er will ausschließlich Gutes für uns erreichen. Hinter der Angst steht beispielsweise der Wunsch, dass wir uns nicht blamieren oder nicht von anderen verlassen werden.
- Beim Umgang mit ihm bitte Vorsicht! Er schafft es ganz schnell, dass wir uns komplett mit dem Teil in uns identifizieren, der kritisiert wird – unser verletztes inneres Kind. Wir fühlen uns als Opfer, stimmen der Kritik zu. Vielleicht rebellieren wir auch dagegen oder verstricken uns in endlose innere Streitgespräche. Oder wir versuchen die Kritik zu ignorieren. Aber all diese Strategien beruhen auf dem Missverständnis des Erwachsenen in uns.

- Das Einzige, was gegen diese Überidentifikation mit dem verletzten inneren Kind hilft, ist, dass wir uns Distanz verschaffen und in eine erwachsene Beobachterposition gehen.
- Der innere Kritiker ist eigentlich ein kindlicher oder pubertärer Kopfbewohner, der sich mächtig tyrannisch zeigen kann.

Auch wenn wir nun ein ziemlich genaues Profil des inneren Kritikers entwerfen können, müssen wir dennoch weitere Erkundungsbohrungen in die Tiefe unserer verborgenen Winkel des Herzens unternehmen. Wir wollen verstehen, wie diese Feindschaft zwischen innerem Kritiker und unserem Selbstmitgefühl entstanden ist und wie wir eine innere Win-win-Strategie für uns entwickeln können. Unter Selbstmitgefühl verstehe ich den mitfühlenden, verständnisvollen und hilfreichen Umgang mit sich selbst und Gelassenheit bezüglich der eigenen Fehler, Schwächen und Missgeschicke, die einem passieren.

Es geht letztlich darum, sich selbst so zu behandeln, wie wir einen guten Freund, eine gute Freundin behandeln würden, wenn es diesem oder dieser schlecht geht. Diese entwerten wir ja auch nicht, bedrängen und beschimpfen sie, sondern gehen mitfühlend mit ihnen um, versuchen ihnen gut zuzureden, wenn sie deprimiert und frustriert sind.

Eigentlich wissen wir es ja:

Je mehr Mitgefühl wir für unsere eigenen Fehler und Schwächen aufbringen, umso mehr Mitgefühl können wir auch für andere aufbringen.

DAS KIND HINTER DER MASKE DES KRITIKERS

Unser innerer Kritiker ist zwar manchmal in seiner *guten Absicht,* uns zu schützen, streng und anstrengend, aber, wie wir jetzt wissen, überwiegend hilfreich. So zu denken und es lobend ihm gegenüber auszusprechen, wäre nach dem, was Sie bisher in diesem Buch gelesen haben, politisch korrekt.

Aber da gibt es noch eine andere Seite, die nenne ich die dunkle Seite des inneren Kritikers. Bitte sagen Sie Ihrem Kritiker, er kann jetzt die Ohren auf Durchzug stellen und einfach mal weghören. Wenn er nicht will und protestiert, dann soll's uns auch recht sein. Dann hat er die Möglichkeit, sich sein Tun und Handeln einmal aus einer anderen, einer erwachsenen Perspektive anzuschauen.

Ich habe mich immer gefragt, wie macht der Bursche das: Er legt einfach aus dem Stand los, ist in Sekundenschnelle von 0 auf 100, diskutiert nie mit uns, lobt nie und trifft immer genau die wunde Stelle in unserem angekratzten Selbstbewusstsein. Auch wenn es noch so fies ist, was er uns ins Ohr trötet, in irgendeinem Hinterzimmer unseres Gehirns befürchten wir, er könnte recht haben. Differenzierte Einschätzungen, Abwägungen und hilfreiche Vergleiche – Fehlanzeige. Wir scheinen unseren inneren Kritikern irgendwie peinlich zu sein – wir leben zwar im gleichen Körper, aber sie halten uns wohl für eine Art Hochstapler, die ständig in Gefahr leben, entlarvt zu werden. Daraus folgt: Unsere inneren Kritiker meinen, uns ständig vor irgendeinem Fehltritt bewahren zu müssen. Sind wir in deren Augen ohne sie überhaupt lebensfähig? Wohl eher nicht!

Meine inneren Kritiker wirken auf mich manchmal wie aufgeschreckte Hühner, die gackernd und orientierungslos über den Hühnerhof rasen und die Welt mit ihrem engstirnigen Katastrophendenken als Ort ständiger Missgeschicke oder Traumatisierungen erleben.

Mit dieser Brille auf der Nase warnen sie uns ständig davor, ja das Richtige zu tun, Fehler zu vermeiden und noch perfekter zu werden, um der überall lauernden Katastrophe namens Kränkung, Verletzung, Einsamkeit usw. zu entgehen. Die Welt ist nur grottenschlecht. Wie schafft der innere Kritiker das? Warum kann er so ätzend sein und wir fühlen uns dann wieder mal schlecht bis auf die Knochen?

»Er erinnert Sie an vergangene Missgeschicke, Verluste und Enttäuschungen. Das gelingt ihm, weil er Sie in das Kind verwandelt, das sich über diese Dinge zu Recht gegrämt und seine eigene Schwäche für die Ursache aller Probleme gehalten hat. Allerdings scheinen gerade die Bemühungen, sich um Dinge zu kümmern, die der Richter angesprochen hat, einen noch tieferen Verlust mit sich zu bringen – den Verlust dessen, der Sie sind, bevor Sie sich in das Kind verwandelten« (Brown 2001, S. 297). Ja, das stimmt, er verwandelt uns zurück in ein ängstliches Kind. Der innere Kritiker scheint ein Prophet des Weltuntergangs zu sein, der in der Lage ist, uns Erwachsene mit seinem Horror in Trance zu versetzen, sodass wir uns in das überforderte Kind von damals zurückverwandeln – und ihm nur zustimmen können. Über diese Rückverwandlung – die Psychologen sagen dazu »Regression« –

in ein Kind möchte ich jetzt etwas berichten. Dazu wieder eine kleine Privatvorlesung nur für Sie.

PRIVATVORLESUNG: DAS HORRORKINO IN UNS – BITTE NEHMEN SIE PLATZ IN DER GEGENWART

Wir erzeugen zwar nicht unser Leben selbst, aber im Wesentlichen unser Er-Leben, schreibt Gunther Schmidt (2004) – und dies immer kontext- und situationsbezogen. Alles momentane Erleben ist ganz und gar das Ergebnis der aktuell gestalteten Aufmerksamkeitsfokussierung in der Gegenwart – jetzt gerade, wo Sie diese Zeilen lesen und wir in Kontakt miteinander sind, konstruiert sich in unseren Köpfen ein gemeinsam geteilter Erlebnisraum.

Einflüsse, die die Aufmerksamkeitsfokussierung von lebenden Systemen beeinflussen, sind immer sehr komplex und letztlich nicht vollständig kognitiv erfassbar. Somit kann man sie nicht kontrollieren – aber man kann versuchen, eine Art Steuerungskompetenz, eine Managementfunktion für das Steuern und Koordinieren dieser Aufmerksamkeitseinflüsse zu entwickeln. Dazu ein kleiner Exkurs in die Hirnforschung der letzten Jahrzehnte.

Die Idee, dass wir eine Vergangenheit oder auch eine Zukunft haben, ist immer ein Konstrukt des Gehirns in der Gegenwart. Aus der Sicht meines Gehirns gibt es nur Gegenwart – die dauert ca. vier Sekunden bis zur nächsten Gegenwart und die alte Gegenwart ist dann schon Vergangenheit. Die Konstruktion der Wirklichkeit in der Gegenwart bezeichnen wir dann einmal als Vergangenheit oder als Zukunft – je nach dem Inhalt des Denkens.

Wir konstruieren Vergangenheiten, wir konstruieren Zukünfte und reisen eilig ständig zwischen diesen Konstrukten hin und her – und das alles in der Gegenwart, mit massiver Auswirkung auf das Erleben in der Gegenwart, weil unser Gehirn halt nur da lebt.

Lassen Sie mich das an einem Beispiel verdeutlichen:

Sie wissen sicher, dass unsere Zunge vier Geschmackseindrücke unterscheiden kann: salzig, süß, sauer und bitter. Das ist aber nicht ganz die Wahrheit – es gibt fünf Geschmackserfahrungen, die fünfte heißt »Umami«.

Ich sage Ihnen jetzt: Sie werden heute bei einer Abendessenseinladung bei Freunden die ultimative Umami-Geschmackserfahrung machen, ein nie da gewesenes Geschmackserlebnis – danach wissen Sie genau, was Umami ist und werden es auch nie wieder vergessen.

Gerade sind Sie in die Zukunft gereist und haben imaginiert, was es wohl heute Abend bei Lisa, Günter, Gudrun, Ekke und wie sie alle heißen, geben wird: Meeresalgen auf grünem Spargel oder Mozartkugeln an vietnamesischer Bitterfrucht? Kein Treffer – also zurück in die Vergangenheit und das Archiv der Geschmäcker durchwühlt ... kein Umami. Jetzt sage ich Ihnen: »Umami« kennzeichnet den Geschmack nach Glutamat und ist in der Mitte der Zunge angeordnet. Umami ist fleischig und herzhaft, wohlschmeckend.

So, jetzt reisen Sie wieder in die Vergangenheit: Welche Erfahrungen mit Fleisch haben Sie bisher gemacht? Saftige Steaks tauchen auf oder auch ekeliger, zäher Hammel. Und schon ist Ihnen die Gegenwart vermiest (heute Abend esse ich lieber Salat) oder beglückt (super – »ich liebe es«).

Die Tatsache, dass unser Gehirn nur in der Gegenwart lebt, ist eigentlich nichts Neues und findet sich schon in einem Spruch aus dem Zen:

Die Vergangenheit ist vergangen
Die Zukunft noch nicht da
Unsere Heimat ist der Augenblick.

Die Erinnerungen an die Vergangenheit sind im sogenannten Episodengedächtnis abgelegt. Diese vernetzten Muster der Vergangenheit können unbewusst oder auch bewusst reaktiviert werden. Wenn wir in der Gegenwart einen Aspekt eines solchen Netzes aktivieren, zum Beispiel durch die Übereinstimmung eines relevanten Elementes in der Gegenwart mit einem relevanten Element der Vergangenheit, so wird das ganze Netz aktiviert und wir reisen wieder in die Vergangenheit – eine Art Zeitreise, die dann zur Gegenwart wird. Je nachdem, wie die Vergangenheit war, wird sie nun zur Gegenwart: Sie geben der blöden Vergangenheit den kleinen Finger und schon schnappt sie sich die ganze Hand und es geht ihnen in der Gegenwart schlecht.

Ein Beispiel von mir:

Wenn ich einen Vortrag halten muss und ich es in der Gegenwart des Vortrags schaffe, mich an all die erfolgreichen Vergangenheiten zu erinnern, in denen ich mich auf diesen Augenblick – jetzt hier bei diesem Vortrag – optimal an meinem Schreibtisch in Nürnberg vorbereitet habe, wenn ich mich an alle meine Erinnerungsvergangenheiten erinnere, wo ich alles, was ich Ihnen sagen will und was ich als Psychotherapeut und Vortragender gelernt habe, optimal präsent habe, wenn ich das in der Gegenwart dann abrufe und rüberbringe – dann könnte es ein höchst erfolgreicher Vortrag werden (wenn die Zuhörer auch noch mitspielen und es ihnen gefällt ...).

Wenn ich aber ein Problem mit der Präsentation bekomme, zum Beispiel, weil ich das »liebe Publikum« im Vorfeld wie ein schreckliches, referentenfressendes Monster imaginiere (der Referenten-Albtraum!), dann heißt das, der Zugang zu meinen Kompetenz-Vergangenheiten ist versperrt. Das erlebe ich dann als brutales, beschämendes Defizit meiner Person. Auf der einen Ebene ist das tatsächlich ein Defizit, auf der anderen Ebene ist das Ausdruck einer Leistung meines Innensystems, aber eine mit einem sehr hohen Preis.

Wie ist diese Leistung zu erklären und welchen Sinn macht es, mich plötzlich pseudodebil zu fühlen? Um das alles besser zu verstehen, nehmen wir einfach wieder das Beispiel von mir, als ich zu dem Vortrag nach Südafrika eingeladen wurde und eine Präsentation auf Englisch machen sollte. Wir starten an diesem Punkt: Eine E-Mail kommt von Wolli Hartmann aus Pretoria und ich werde freundlich eingeladen ... ich lese ... schlucke ... bingo! Ich bin gebauchpinselt wegen der Einladung und gleichzeitig tut sich ein Abgrund auf: »Oh Gott, wenn das schiefgeht!«

Diese »Hochrechnung auf eine Horrorzukunft« (Gunther Schmidt), dieses Worst-Case-Szenario, dieses 3-D-Albtraumkino, in das ich in vielen Nächten in den Wochen vor der Reise nach Südafrika in meinen Träumen gegangen bin, lief schwer kontrollierbar in meinem Mittelhirnbereich ab – im emotionalen limbischen Gedächtnis. Aus Sicht meines Bio-Computers gibt es eh nur eine Richtung: »Wie überleben in einer feindlichen Umwelt?« – und deshalb besser auf das Schlimmste eingestellt sein, als kalt erwischt zu werden.

Pst ... hallo ... kleiner Einschub: Sie ahnen sicher schon, wer an den Reglern der Lightshow sitzt und den Filmprojektor bedient: Genau: der schreckliche Zauberer von Oz, genannt der innere Kritiker. Davon später mehr – lassen Sie uns erst die Vorlesung zu Ende hören!

Die Zukunftsvision wurde somit zu meiner erlebten Gegenwart – ich war mir sicher: So wird es kommen, egal, was ich mache. Sie stellen mich bloß und lachen über meine englischen Knotensätze.

Das heißt: Ich bin in einer ausweglosen Situation und diese assoziierte Zukunftsfantasie bewirkt im Jetzt die Dissoziation von meinen hilfreichen Vergangenheiten und eine Assoziation von Horrorvergangenheiten, Zeiten, in denen ich schon einmal versagt habe, beschämt wurde usw.[13] So zog sich die Gewissheit einer Horrorzukunft die Energie aus der Erinnerung an eine Horrorvergangenheit in der Sparte »Gedichtversager« und das Ganze schaukelte sich nächtens auf. Meine Kompetenz war hinter allen Bergen verschwunden – Ratlosigkeit und Absage des Vortrags drohten ... irgendwie gruselig!

Wenn etwas als so schrecklich imaginiert wird, dann wird verständlich, dass jetzt das Verteidigungs- und Selbstschutzsystem aktiviert wird. Die 3-D-Horrorvorstellungen werden unwillkürlich so wirklichkeitsnah und echt erlebt, dass man nur noch mit Lösungsversuchen des Erstarrens aus dem Verteidigungssystem »Flucht-Kampf-Totstellen« reagieren kann oder mit Verkrampfung, Fluchttendenzen oder Wut. Aber nicht mit optionalem Zugang zu den Eigenkompetenzen, die so einen Vortrag zu einer interessanten Herausforderung machen.

Es nützt nichts, wenn meine Frau Hanna zu mir sagt: »Mach dir keine Sorgen, das kannst du, du bist doch so kompetent ...« Das bewirkt nur noch mehr Druck und verstärkt die Selbstabwertung: Ich müsste es doch können – aber ich kann es nicht – das wird eh ganz schlimm ...

Und es passiert noch mehr: Trancephänomene der sogenannten Symptomtrance setzen ein: Tunnelvision, Einengungsspirale der Selbstwahrnehmung, Dissoziation der Kompetenzen und Assoziation der Erstarrung und einengender Altersregression, hin zu früherem Inkompetenzerleben in der Schule, im Beruf usw. –

Sie wissen, was ich meine, und erinnern sich an den zwölfjährigen Jochen.

Ende der Vorlesung.

Das sind nun also die Strategien, mit denen die inneren Kritiker arbeiten: Sie entwerfen eine Horrorzukunft in 3-D und Dolby Surround, die es unbedingt zu vermeiden gilt, und fegen alle Zweifel, dass es vielleicht doch nicht so schlimm kommen könnte, damit vom Tisch, dass sie aus dem Zettelkasten unserer Vergangenheit eine oder mehrere Episoden heraussuchen, die schlimm waren. Und da gibt es bei jedem von uns etwas, wo wir beschämt, voller Schuldgefühle, verlassen, gestraft usw. waren.

Für diese Choreografie ist der innere Kritiker zuständig, mit dem Arbeitsauftrag, einen verletzten Teil aus unserer Vergangenheit zu schützen. Seine Aufgabe ist es, Sicherheit herzustellen, Risiken auszuschließen und dafür zu sorgen, dass wir unser Selbstwertgefühl nicht beschädigen und uns körperlich nicht verletzen. Das Gewohnte, das, was sich bewährt hat, und das, was kontrollierbar und damit ent-ängstigt ist, das liebt der innere Kritiker.

Stellen Sie sich bitte einmal folgende zwei Dinge vor:

1. Sie würden alles tun, aber auch wirklich alles, was Ihr innerer Kritiker wünscht. Wie wären Sie dann? Brav, angepasst, fleißig, Sie würden nie widersprechen usw. Einfach ein langweiliger Herr Mustermann oder eine dröge Frau Musterfrau – aber sicher im Leben, mit minimalem Risiko.
2. Wenn Sie eine Person mit den Eigenschaften eines Ihrer inneren Kritiker bei der nächsten Grillparty kennenlernen würden, wie fänden Sie diese Person? Das wäre doch sicher kein selbstbewusster Mensch, sondern eher eine ängstliche, verunsicherte Person, mit Tunnelblick, Katastrophenangst und ständigem

Bemühen, allen alles recht zu machen. Als stünde diese Person unter Druck und befürchtete, nicht überleben zu können, wenn nicht alles haarklein so gemacht wird, wie sie es fordert. Sie wäre eher wie ein verschrecktes Kind, das Angst hat, nicht zu überleben.

Und so ist es auch. Hinter der Maske des inneren Kritikers steckt die völlig überforderte Seite eines kleinen Kindes – ehemals als Notmaßnahme entstanden, um den Schmerz, das Leid, die Beschämung eines verletzten Kindanteils zu beschützen. Ein Selbstanteil des Kindes übernahm damals die Forderungen der Erziehungspersonen zur Perfektion, brav zu sein, sich anzustrengen, keine Fehler zu machen usw. und eignete sich aus seiner Kindersicht und -logik diese Erwartungen an. Nachdem der Selbstanteil die Forderungen geschluckt – aber nicht verdaut – hatte, begann er auf der inneren Bühne so zu reden wie die Erwachsenen draußen. Und wenn Sie jetzt fragen, warum innere Kritiker nur ein Schwarz-Weiß-Denken haben, warum sie oft so gnadenlos und kalt sind, warum sie manchmal eine Atmosphäre erzeugen, als ginge es um Leben und Tod, dann kann die Antwort darauf sein: weil sie nicht wie Erwachsene denken und fühlen, sondern wie in ihrer Existenz bedrohte Kinder. Innere Kritiker sind festgefroren in der Zeit, in denen sie entstanden sind.

Innere Kritiker denken wie Kinder, die versuchen müssen, durch maximale Anpassung in einer feindlichen Umwelt zu überleben – weil sie von denen, die sie kritisieren, abhängig sind. Ihr wichtigstes Ziel ist es, Sicherheit herzustellen und das Überleben zu sichern. Dafür greifen sie auch zu radikalen Methoden.

11

DIS-IDENTIFIKATION ALS LÖSUNGSWEG

Ich möchte in diesem Kapitel etwas über die Dis-Identifikation schreiben – ein etwas eigenwilliger Begriff aus der Psychologie, der vereinfacht Folgendes meint: mich von etwas, mit dem ich mich verbunden habe, das ich in mich aufgenommen habe und mit dem ich mich identifiziere, wieder lösen, trennen.

Ein simples Beispiel: Wenn Sie sich jahrelang leidenschaftlich mit den Zielen und Werten der »Jedem-sein-Hausschwein-Partei« identifiziert haben und nun plötzlich merken, diese Partei ist genauso enttäuschend wie alle anderen, dann sind Sie dis-identifiziert – eigentlich schade, aber so ist es halt nun mal.

Wenn wir beginnen, uns selbst zu verurteilen, uns selbst zu bewerten oder übel zu beschimpfen, dann tun wir das anhand von Maßstäben, die wir in der Vergangenheit gelernt haben. Diese Selbstverurteilung äußert sich in inneren Angriffen gegen unseren Wert als Mensch und endet in unterschiedlichen Verwicklungen und Konflikten mit verschieden daran beteiligten Selbstanteilen auf unserer inneren Bühne. Wenn Sie versuchen, diese Selbstverurteilung zu entkräften, werden Ihre Bemühungen jedoch vielmehr zu deren Verstärkung führen. Das kommt daher, dass Ihr Bestreben, den Angriff zu stoppen, ursprünglich aus der Erfahrung stammt, dass Sie das Opfer des Angriffs sind –

also das Kind. Sie sind als der Erwachsene von heute mit dem Kind von damals identifiziert – Sie handeln, denken, fühlen usw. aus dem Selbstbild des verletzten Kindes heraus. Das macht Sie schwach und angreifbar.

Um das Problem wirklich lösen zu können, müssen wir uns vom kindlichen Selbstbild *dis-identifizieren.* Nur dann können wir die selbstentwertenden Angriffe im Inneren beenden. Und ich möchte noch weitergehen:

Weder das Selbstgefühl des Kindes noch das Selbstbild des inneren Kritikers ist tauglich, uns heute in der Gegenwart ein altersgerechtes Selbstwertgefühl zu vermitteln. Beide – verletztes Kind wie innerer Kritiker – sind miteinander verbunden, wie ich das im Beispiel vom zwölfjährigen Jochen und dem inneren Perfektionisten gezeigt habe. Von beiden müssen wir uns dis-identifizieren. Mit den Worten von Jay Earley und Bonnie Weiss: »Wenn du dich selbst verurteilst, dann hat sich ein innerer Kritikerteil eingemischt. Wenn du dich wegen dir selbst schlecht fühlst, dann hat sich ein kritisierter Kinderteil eingemischt. Tatsache ist, dass sich häufig der Kritiker und das kritisierte Kind zur gleichen Zeit mit dir vermischen, das heißt, beide besetzen dein Gegenwartsbewusstsein und dein Selbst wird in den Hintergrund gedrängt.« (2010, S. 50)

Vor Kurzem fuhr ich mit der U-Bahn und beobachtete einen kleinen Jungen, der eine große Tüte Schoko-Eis schleckte und verträumt vor sich hinschaute. Ich hatte mich schon wieder in meine Zeitung vertieft, als ich wegen eines ärgerlichen Wutschnaubens der Mutter aufschreckte: »Ja bist du zu blöd, ein Eis zu essen? Schau mal, alles auf der Hose! Glaubst du, ich habe Lust, ständig deine Klamotten zu waschen? Das war das letzte Eis, das ich dir gekauft habe. Wart ab, wenn Vater heute Abend nach Hause kommt, dann setzt es was ...« Der Junge begann zu heulen und bei der nächsten Haltestelle stürmte die Mutter aus dem Wagen und pfefferte das schöne Schoko-Eis in den Mülleimer. Ihr Sohn kriegte sich kaum noch ein vor Schmerz und Leid.

Während ich wie angewurzelt dasaß, dachte ich: »Das ist ja unmöglich, so kann doch die Frau nicht mit ihrem Sohn umgehen! Ich hätte ihr sagen müssen, dass man so nicht mit einem Kind spricht, und sie als die Stärkere in die Schranken weisen sollen. Das arme Kind, es hätte sicher Trost gebraucht oder zumindest ein Taschentuch, um die Tränen zu trocknen.«

Auch wenn wir uns alle in der Regel (leider?) nicht einmischen, ist es mir hier wichtig, dass Sie erkennen, mit welchem instinktiven Impuls Sie als Erwachsener den Angriff stoppen würden. Wenn Sie als Außenstehender eine solche Situation miterleben, in der ein Elternteil sein oder ein fremdes Kind angreift, dann werden Sie natürlicherweise ein Mitgefühl, einen Beschützerinstinkt entwickeln und Ihre Entrüstung spüren. Wir würden gerne dazwischengehen und die Auseinandersetzung beenden – ohne genau zu wissen, ob der eine oder andere recht hat. Aber darum geht es hier gar nicht. Es geht vielmehr um die entwürdigende Situation in der Öffentlichkeit, um die Unmenschlichkeit der Herabwürdigung des Kindes.

Ich vermute, dass der Erwachsene in Ihnen genauso wie ich reagiert hätte und – zumindest innerlich – bereit gewesen wäre, Partei zu ergreifen und gegen das Unrecht einzuschreiten. Heute können wir das – oder sollten es zumindest können – und sollten Zivilcourage zeigen. Und damals, als uns das auch öfter passierte, dass wir an den Pranger gestellt und beschämt wurden?

Als Kind konnten Sie und ich diese Entwertung nicht stoppen – im Gegenteil, wir haben in den Großen unsere Vorbilder gesehen (»Die haben sicher recht!«) und waren von ihnen abhängig und mit ihren Wertaussagen über uns total identifiziert. Aus dieser Kinderposition heraus haben wir diese Form der Beschämung und Abkanzelung immer wieder durchlebt – bis in die Gegenwart hinein. Denken Sie an den beschämten Jochen in meinem Beispiel, der auch 50 Jahre später noch auf meine innere Bühne hüpfte und sagte: »Oh Gott! Du wirst dich gleich bis auf die Knochen blamieren.« Und dann startete er einen Film in mir – Dolby Surround und 3-D – mit Horrorszenarien vom Feinsten.

Wenn wir uns damals als Kinder von den »Vernichtungsbotschaften« der Eltern hätten dis-identifizieren wollen, dann hätten wir jemanden gebraucht, der außerhalb gestanden wäre, der die Dynamik durchschaut und uns hätte beschützen können. Solche Menschen gibt es zum Glück immer wieder – seien es Opa und Oma, wo wir als Kinder in den Ferien hinfahren, eine Tante oder die nette Nachbarsfamilie. Sich heute aus der Verwicklung mit Ihrem inneren Kritiker zu lösen heißt: nicht identifiziert zu sein mit dem kritisierten, beschämten verlassenen Kind und auch nicht mit den wütenden inneren Kritikern, Fehlerzählern und Miesmachern. Das war die Kinderlösung von damals – sicher anerkennenswert, aber heute dysfunktional. Dass Sie aber auch heute noch in der kindlichen Dynamik des Selbst- und Fremdschämens drinstecken, merken Sie sehr schnell daran, dass es Ihnen jetzt in der Gegenwart auch noch schlecht geht, dass Sie Angst haben, der Himmel breche über Ihnen zusammen.

Wenn wir also heute noch einmal diese Dynamik der Kindheit erleben, dann sind wir entweder mit der Hilflosigkeit und Wertlosigkeit des Kindes identifiziert (wir fühlen uns schlecht und beschämt) oder mit der Verachtung und dem Hass der Erwachsenen. Sie stecken in der Dynamik zwischen dem Kind und dem Erwachsenen fest – diese Rolle hat heute der innere Kritiker übernommen – und unser Erwachsenen-Selbst schaut mal wieder wie gelähmt zu.

Drei Personen befinden sich also auf der inneren Bühne: das verletzte Kind, der innere Kritiker und das gelähmte Erwachsenen-Selbst – lassen Sie uns versuchen, uns in sie einzufühlen.

Wenn ich mich mit dem zwölfjährigen Jochen, dem kleinen Jungen mit dem Schoko-Eis oder Sie sich mit Ihrem kleinen, verletzten Kindanteil identifizieren, was würden wir dann denken?

Hier ein paar Vorschläge:

- »Ich bin so klein, ungeschickt und böse, dass ich es sicher verdient habe, ausgeschimpft und bestraft zu werden!«
- »Ich fühle mich hilflos und voller Angst und befürchte, dass Mama mich jetzt nicht mehr liebt und ins Heim schickt!«
- »Ich hasse dich, ich werde nie tun, was du sagst – lieber sterbe ich!«

Wenn wir in dieser Dynamik drinstecken, wie sollen wir da wieder alleine rauskommen?

Wenn ich mich mit meinem inneren Perfektionisten, der tobenden Mutter in der U-Bahn und Sie sich mit Ihrem inneren Kritiker identifizieren, was dann?

Wieder ein paar Vorschläge:

- »Voller grandiosem Ehrgeiz nimmt Jochen Angebote für Vorträge an, denen er niemals gewachsen ist. Wenn ich nicht aufpasse, blamiert er sich bis auf die Knochen vor dem Publikum.«
- »Dieses Kind ist so erbärmlich ungeschickt, mir bleibt nichts anderes übrig, als es zu schlagen. Ich muss es dazu zwingen, sich in der Öffentlichkeit zu benehmen oder muss es daheimlassen.«
- »Er ist bockig und verträumt und passt einfach nicht auf. Ich glaube, das macht er, um mich zu ärgern.«

Es wäre schwer, der Mutter etwas auszureden, wenn sie fest von ihrer Meinung überzeugt ist – sie ist ja in der Rolle der Erziehungsberechtigten und »meint es ja nur gut«. Also, was tun?

Damit wir aus dieser Kind/Opfer-Erwachsener/Täter-Perspektive aussteigen können, müssen wir die Perspektive wechseln. Das haben wir schon in den Kapiteln vorher angefangen, als wir begannen, uns zu fragen:

- Wen meint eigentlich der innere Kritiker mit seinen Tiraden? Nicht das Erwachsenen-Selbst, sondern das verletzte innere Kind!
- Was ist die eigentliche Absicht hinter den Tiraden der inneren Kritiker, Fehlerzähler und Miesmacher? Das verletzte Kind von damals zu schützen!
- Wer kann das alles durchschauen? Nur das Erwachsenen-Selbst!
- Warum tut er/sie das dann nicht? Weil er/sie auf Autopilot geschaltet ist, vor sich hindöst oder sich gelähmt fühlt.

Unser Grundsatz muss heißen:

Der Erwachsene in uns muss aufhören, sich ständig mit einem verletzten Kind der Vergangenheit und einem inneren Elternstellvertreter (genannt: Der innere Kritiker) zu verwechseln.

Wenn Sie anfangen, die Perspektive zu wechseln, wenn Sie in Ihrem erwachsenen Moderatorenstuhl Platz nehmen und freundlich bis neutral, ohne zu werten und zu beurteilen auf die scheinbaren Kontrahenten blicken, dann bedeutet dies leider noch nicht, dass die Selbstentwertung aufhört oder Sie sich nicht mehr mies und wertlos fühlen. Es heißt nur: Sie werden von diesen Gefühlen nicht mehr völlig überrannt, Sie gewinnen Raum, sich davon zu distanzieren, der Scheinwerfer Ihrer Aufmerksamkeitssteuerung ist in Ihrer Hand.

Um den ersten Schritt in Richtung Dis-Identifikation zu gehen, schlage ich jetzt Folgendes vor:

1. Schritt: Bitte sagen Sie sich innerlich laut: Die Idee, dass ich ein Versager, Idiot oder was auch immer bin, stimmt nicht. Das ist nicht die Wahrheit über mich. Diese Idee kommt von einem Teil in mir, welcher mich versucht anzugreifen – auch wenn es dabei ursprünglich vielleicht darum geht, mich zu schützen. Das ist nur *eine* Seite von mir!

Der *2. Schritt* geht noch etwas weiter: Die Bilder über sich, mit denen Sie sich identifizieren, sind genau das, was sie sind: Bilder der Vergangenheit – und nicht die Wahrheit.

Damit schaffen Sie Distanzierung:

Ein Teil, eine Seite von Ihnen fühlt sich beschämt oder zornig entwertend, das sind nicht Sie als ganze Person. Es gibt noch eine andere Seite, die Erwachsenen-Selbst-Seite, die sich die Dynamik anschauen kann.

Wie heißt es so schön im Zen:

- Ich kann meine Gedanken beobachten, deshalb bin ich mehr als meine Gedanken.
- Ich kann meine Gefühle beobachten, also bin ich mehr als meine Gefühle usw.

Für diese Distanzierung muss Ihr Erwachsenen-Selbst aufwachen und aus seiner Schockstarre herauskommen. Dazu muss die Über-Identifikation mit den Kindheitserinnerungen aufgegeben werden, der Autopilot ausgeschaltet und wieder Selbststeuerung angeschaltet werden. Was dabei hinderlich sein könnte? Das Festhalten an der Idee, man könnte doch noch für den Mangel an Liebe, Aufmerksamkeit, Zuwendung, Verständnis usw. in der Kindheit rückwirkend entschädigt werden. Klar – manchmal stecken wir voller Bitterkeit, Sehnsucht und Rachewünschen, wenn wir wieder einmal daran erinnert werden, was alles hätte sein können – aber nicht war. Bitte deshalb noch einmal: Die Kindheit ist vergangen, sie ist Vergangenheit – wir können die Kindheit nicht verändern, sondern nur unsere Einstellung dazu.

Bevor ich mich daranmache, Ihnen Vorschläge zur Veränderung und Heilung der verletzten Teile zu machen, folgt erst noch ein Blick auf die anderen Mitglieder der »Innere Kritiker-Truppe«.

12

DIE INNEREN PROTEKTOREN ODER: DIE ERWEITERTE »INNERE KRITIKER-TRUPPE«

Bislang sind wir immer von drei Akteuren auf der inneren Bühne ausgegangen: dem Erwachsenen-Selbst, dem inneren Kritiker und dem dahinter versteckten verletzten Kind. Aber da gibt es noch mehr – schauen Sie bitte mal auf die folgende Abbildung.

Nach allem, was ich im letzten Kapitel versucht habe zu vermitteln, ist die Dis-Identifikation die Voraussetzung, um aus der Erwachsenen-Selbst-Position mit den inneren Anteilen zu sprechen, um frische, neue Lösungen für alle alten, abgestandenen Probleme zu finden. In der Teile-Therapie gehen wir von dem Grundsatz aus, dass alle Teile eine Funktion im inneren System haben. Ihr Ziel ist es, zu helfen, das heißt das Überleben des Systems zu sichern. Das bedeutet für mich zwingend: Allen Teilen müssen wir mit Respekt und Wertschätzung begegnen – das gilt sowohl dem verletzten Kind als auch dem inneren Kritiker gegenüber.

Ich kann mir vorstellen, dass Sie da spontan widersprechen wollen – aber wenn Sie ehrlich sind: Es bleibt uns gar nichts anderes übrig, als uns so anzunehmen, wie wir sind, mit all unseren

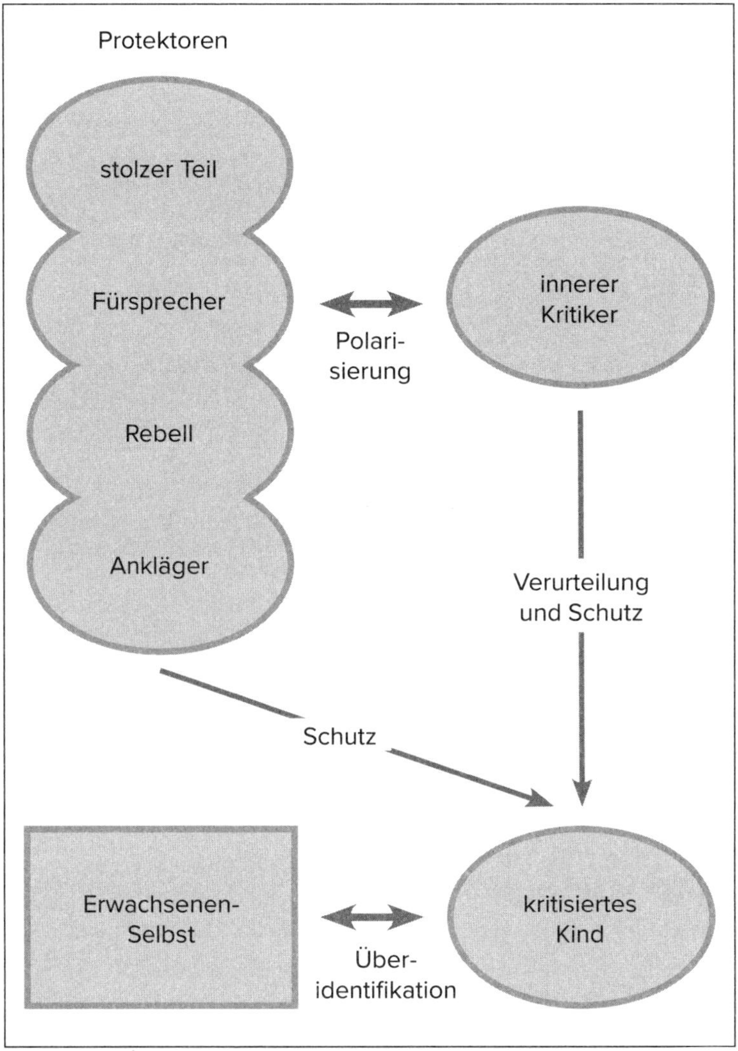

Die »Innere Kritiker-Truppe« – ergänzt nach Jay Earley

»schokoladigen«, aber auch unangenehmen Seiten. Nach meiner Erfahrung in der Therapie ist es oft genauso schwierig, sein eigenes inneres Kind, welches bis heute voller Angst und Überempfindlichkeit auf jede Kränkung ist, liebevoll tröstend in den Arm zu nehmen, wie hinter dem Satz des inneren Perfektionisten: »Ach Gott, bist du schei ...!« eine wohlgemeinte Unterstützung zu erahnen. Aber geben Sie mir bitte weiterhin eine Chance, Sie für einen neuen Blick auf die »miesen Verhältnisse in Ihrem Herzen« zu gewinnen. Fragen wir uns also nochmals: Warum ist die Wertschätzung für Ihren inneren Kritiker so wichtig?

Wenn Sie ihm gegenüber feindlich eingestellt wären und sich am liebsten wünschten, er möge abhauen, dorthin, wo der Pfeffer wächst, dann wird er – außer Sie ständig anzugreifen und Ihr Tun als Bedrohung zu erleben – wenig Kommunikation zulassen. Hier gilt noch einmal der Merkspruch aus der »Gebrauchsanweisung für den Psychotherapeuten«: Wenn ich ein Symptom verstärken will, muss ich nur versuchen, es loszuwerden.

Ich mache Ihnen einen anderen Vorschlag: Nehmen Sie es sportlich – der Typ tut nur seinen Job und ist voll von seinem Erfolgsrezept überzeugt. Sparen Sie sich den Kampf: Er kommt meist nachts, wenn Sie nicht schlafen können – Sie werden den Fight verlieren. Ich rate zu dem, was Engländer über die Strategie zum Umgang mit mächtigen Feinden sagen: »If you can't beat him, meet him!«[14]

Es ist sofort anders, wenn Sie verstehen wollen, warum er so entwertende, beleidigende und fiese Sachen zu Ihnen sagt und was er damit bezweckt. Also immer bei der freundlichen Wertschätzung bleiben!

Okay, okay! Ich weiß, es fällt schwer: Sie – der Erwachsene, dem ich gerade ein paar griffige Argumente geliefert habe, die Sie vermutlich nur grenzwertig überzeugt haben – stimmen ja grundsätzlich zu, aber irgendeine Seite in Ihnen erlaubt keine Wertschätzung. Sie kommen eben nicht in eine Position von Neugier und Mitgefühl für Ihre inneren Kritiker. Stimmt's? Es ist verständlich, dass man bei einem Teil in sich, der einen ständig attackiert, der einem Schmerz, Scham und Schuldgefühle bereitet, dass man da sauer wird und dem Teil reserviert gegenübersteht. Aber sich dem inneren Kritiker (oder jedem anderen Teil) mit dieser Haltung zu nähern, bewirkt nur Kampf und keine Versöhnung und Heilung. Ich denke, das hat der Erwachsene, der den Text hier liest, mittlerweile verstanden und hoffentlich auch akzeptiert. Aber woran hakt es dann? Woher kommt Ihre innere Ablehnung?

In der Teile-Therapie gehen wir davon aus, dass Sie, der Erwachsene, hier und jetzt die gute Absicht haben, sich dem Kritiker freundlich, neugierig und nicht bewertend zu nähern. Der Groll, die Ablehnung, der innere Kampf gegen ihn kommt von einem anderen Kopfbewohner oder anderen Innenteilen, die wir die Protektoren nennen. Sie sind eine Art innere Schutztruppe, die sich gegen den inneren Kritiker über die Jahre auf Ihrer inneren Bühne formiert hat. Ihre Aufgabe ist es, Sie vor dem inneren Kritiker zu schützen oder seine Vorwürfe zu relativieren.

Die Protektoren

Dazu hat die Schutztruppe unterschiedliche Mitglieder und Strategien entwickelt:

- einen inneren Fürsprecher/Verteidiger,
- einen stolzen Teil,
- einen Rebell und
- einen inneren Ankläger.

Wenn Sie schon Jahre und Jahrzehnte mit Ihrem inneren Kritiker gelebt haben, dann gab es sicher auch Zeiten in Ihrem Leben, wo Sie mal besser und mal schlechter mit seinen Tiraden zurechtkamen. In diesen besseren Zeiten kamen Ihnen vermutlich Selbstanteile zu Hilfe, die, wenn sie erfolgreich in ihrem Handeln waren, verstärkt wurden und mehr in den Vordergrund der inneren Bühne traten. So formierte sich eine Gegenbewegung gegen den herben inneren Kritiker.

Ich möchte Ihnen diese Truppe jetzt genauer vorstellen.

Auf einer rationalen Ebene gab es den Einspruch gegen den Kritiker-Staatsanwalt durch den *inneren Verteidiger.* Er sammelt Argumente gegen die Kritik, zeigt Erfolge und Ausnahmen in der Vergangenheit auf und bemüht sich, die positiven Seiten zu betonen. Mein Verteidiger im Fall der oben berichteten Einladung zum Vortrag auf Englisch beim Kongress in Südafrika nutzte die »Ja-aber-Strategie«: »Ja, das ist sicher nicht einfach, so einen Vortrag auf Englisch zu halten, aber ... er kann sich doch im Urlaub ganz gut mit Freunden unterhalten ... er liest doch auch englische Fachliteratur ohne Probleme ... er hat doch früher auch Herausforderungen gemeistert ...« Neben dieser Strategie ist der innere Verteidiger auf die hilfreiche Nutzung Ihrer Ressourcen und Stärken spezialisiert. In der Therapie lehren wir die Patienten viele Strategien, die eigenen Fähigkeiten und Stärken gezielt gegen Angst-, Ohnmachts- oder Versagenssituationen einzusetzen, damit diese gemeistert werden können. Das ist gut, hilft für den Moment als Notfallstrategie, ist meiner Erfahrung nach aber nicht nachhaltig genug.

Neben der Aktivierung meiner Ressourcen und der »Ja-aber-Strategie« durch den inneren Verteidiger, zeigt sich auch mein *stolzer Selbstanteil.* »Herr Stolz« flötet mir ins Ohr: »Das wäre doch gelacht ... denen werde ich es zeigen ... solche Herausforderungen sind das Superbenzin, womit mein Wagen zur Höchstform aufläuft ...«

In anderen Situationen kenne ich noch den *Rebellen* in mir, der versucht, das Problem mit aggressiven Bekundungen anzugehen: »Ich lass mir nichts bieten, die sollen nur kommen und an mir was kritisieren wollen, denen werde ich mit gleicher Münze zurückzahlen ... ich lass mich nicht kleinmachen – ha, das wäre doch gelacht!«

Der Ankläger

Und dann gibt es noch den *inneren Ankläger,* den Spezialisten für die »extrapunitive« (= immer die anderen beschuldigende) Vorwärtsstrategie. Es findet sich sicher immer ein Grund, warum die anderen daran schuld sind, wenn etwas schiefgegangen ist: Die Leute waren zu blöd, meinen Wert zu erkennen, das Wetter war schlecht und die Welt ist eh undankbar.

Alle Teile des inneren Kritiker-Clusters jetzt im Überblick im folgenden Familienfoto: Neben dem erwachsenen Jochen (links oben) haben sich die Protektoren und der innere Ankläger ins Bild gedrängt. Den inneren Perfektionisten und den zwölfjährigen beschämten Jochen kennen Sie ja schon.

Die Protektoren-Teile sind es, die sich auch bei Ihnen einmischen, wenn Sie versuchen, einen freundlich-neutralen Blick auf Ihren inneren Kritiker zu werfen. Deshalb fällt es Ihnen trotz des Wissens um die intellektuelle Richtigkeit dieses Schrittes so schwer, den inneren Kritiker freundlich-neutral anzuschauen. Diese Verteidiger, also all die tätigen Mitglieder der Verteidigermannschaft auf Ihrer inneren Bühne, müssen erst einen Schritt zur Seite treten, damit Ihr Blick auf Ihren Verhandlungspartner »innerer Kritiker« frei wird.

Eine echt illustre Truppe – und bei Ihnen? Was ist Ihre Hauptkampflinie und wer erobert meistens die Lufthoheit über die Grabenkämpfe im Selbstsystem? Ja, Sie haben recht, der innere Kritiker gewinnt meist die Streitereien und fühlt sich dann wieder einmal bestärkt. Wenn Sie noch einmal die Grafik zu Beginn dieses Kapitels betrachten, darf nicht vergessen werden, dass die Protektorengruppe zwar mit dem inneren Kritiker durch ihr zum Teil massives Auftreten in polarisierter Spannung steht, dass aber ihre eigentliche Motivation zum inneren Stellungskampf aus der Absicht herrührt, ebenfalls das verletzte innere Kind zu schützen. Bei diesem Schutz und der proaktiven Vermeidung von Schuld, Scham und Verletzung gibt es zwar ein Ziel, aber unterschiedliche Strategien. Und darüber gibt es oft einen unerbittlichen Streit – genauso wie in der Politik, wo jede Partei von ihrer einzig richtigen Strategie zur Verhinderung von Gefrierbrand bei Tiefkühlbohnen überzeugt ist.

Nachdem ich Ihnen jetzt alle Innenteile des Kritikermusters vorgestellt habe, ist es nun Zeit, in Verhandlungen um eine geruhsamere Zukunft einzutreten.

SICH MIT DEM INNEREN KRITIKER ANFREUNDEN

Wenn Sie nun mit mir beschließen, an diesen inneren Stimmen und verletzten Kindanteilen zu arbeiten, so heißt das, sich noch einmal mit dem Schmerz, dem Verlust und der Trauer von damals konfrontieren zu müssen, die zur Ausbildung des verletzten inneren Kindanteils und seinem Schutzteam, der »Inneren Kritiker-Truppe«, geführt haben. Wir müssen, von der sicheren Beobachterposition des Erwachsenen-Selbst aus, noch mal an den Ursprung zurückkehren, wo die Selbstanteile »verletztes Kind« und »innerer Kritiker« entstanden sind. Wichtig dabei ist, dass Sie sich weder mit der Kind- noch der Kritikerseite identifizieren – darüber haben wir im Kapitel 11 zum Thema Dis-Identifikation gesprochen. Wenn Sie jetzt unsicher sind, lesen Sie dieses Kapitel bitte noch einmal.

Stellen Sie sich vor, Sie stehen vor einem großen Flachbildschirm und sehen die im Kapitel 8 erinnerte, für Sie entscheidende Situation in der Kindheit, die für Sie bis heute so schmerzvoll ist, wie einen Film vor Ihnen ablaufen. Bleiben Sie in einer beobachtenden Position und lassen Sie sich auf keinen Fall ins Bild hineinziehen – bleiben Sie in sicherer Distanz.

Während Sie den vielleicht aufwühlenden Film ansehen und sich die Kindheitsdynamik in Ihnen aufblättert, prüfen Sie: Bin ich neugierig, bin ich neutral bis wohlwollend, beim Blick auf die Szene? Dann sind Sie in der Position des inneren Beobachters! Prima, bleiben Sie dabei!

Oder fühlen Sie sich wieder hilflos, wertlos oder ohnmächtig, sind Sie ärgerlich, wütend über die Zumutung? Dann sind Sie mit dem verletzten Kind identifiziert.

Oder aber finden Sie sich als Kind erbärmlich und empfinden die Wut und Entwertungen des Erwachsenen verständlich und angemessen? Dann sind Sie gerade mit dem inneren Kritiker identifiziert.

Was können wir jetzt als Erstes tun? Wir müssen für die Chance einer echten Ablösung aus den Identifikationen mit unseren Vergangenheitsmustern zuallererst einmal unsere Perspektive verändern. Das bedeutet, sich *nicht* mit diesen Bildern der Vergangenheit zu identifizieren, um genau sehen zu können, was sie wirklich sind: nämlich nur Bilder, nur Gespenster der Vergangenheit, die gerade aus unserem Gedächtnisarchiv gekrochen sind. Wir sind mehr als diese inneren Bilder über uns selbst. Jedoch ist es häufig in unserem Interesse – oder auch ein Zwang –, an diesen Bildern von uns selbst als »Opfer der Vergangenheit« festzuhalten. Aber dies geschieht meist unbewusst. Das machen Sie nicht aus Dummheit oder Bösartigkeit heraus, das Festhalten hat sicher einen guten Grund.

Dieses innere Kind, das zum Beispiel Opfer von Erwachsenenwillkür in der erinnerten Szene ist, müssen wir sehen, anerkennen in seiner Not und würdigen in seinem Leid, um es dann in die Gegenwart zu bringen. »In die Gegenwart bringen« heißt, die Zeitschleife zu beenden, in der das Geschehen von damals festhängt: Jeder Moment heute in der Gegenwart wird erlebt wie ein Moment von damals in der Vergangenheit. Kennen Sie den Film *Und täglich grüßt das Murmeltier?* Genau so.

Aber das ist jetzt noch nicht dran. Bitte versuchen Sie sich von der Identifikation mit dem inneren verletzten Kind zu lösen. Sprechen Sie mit dem Kindanteil in sich, sagen Sie ihm, dass Sie seine Not gesehen haben, dass es sich aber noch etwas gedulden muss. Sie müssen erst mit dem inneren Kritiker sprechen, aber Sie werden das Kind nicht vergessen und zurückkommen, um es aus seiner Zeitschleife zu befreien und es dann in die Gegenwart zu holen.

Aber bevor wir all das tun können, müssen wir uns mit dem inneren Kritiker anfreunden und ihn zum Partner für die Unternehmung »Heilung des verletzten Kindes« machen. Damit wollen wir uns nun als Erstes beschäftigen. Dazu müssen Sie ihm klarmachen, dass Sie beide – Sie, der Erwachsene, und Ihr innerer Kritiker – letztlich das Gleiche wollen: dafür sorgen, dass sich so eine Beschämung, Kränkung, so ein Verlassenheitsschmerz der Kindheit nie mehr wiederholt. Das ist doch schon mal eine Basis für eine Verhandlung – oder nicht?!

Vor dem Start Ihrer Verhandlungen einige wichtige Punkte zur Erinnerung:

- Das, was Sie kontrolliert, ohnmächtig und hilflos macht, passiert weitgehend unwillkürlich (unbewusst), ohne dass Sie reagieren können. Der erste Schritt, Kontrolle zu erlangen, ist, sich die Prozesse so weit wie möglich bewusst zu machen.
- Je klarer Ihnen wird, dass alles, was Sie tun, um den inneren Kritiker zu vernichten, ihn loszuwerden, ihn nur weiter stärkt. Das ist eine unentbehrliche Erkenntnis!

- Ihre Selbstverurteilung, die Botschaft der inneren Kritiker, erfolgt nach Maßstäben, die Sie in der Vergangenheit gelernt haben.
- Alle Versuche, die Verurteilungen radikal beenden zu wollen, kommen aus einer wütenden Gegenposition des Kindes von damals: Ich bin das Opfer des Angriffs. Das heißt, Sie sind mit dem Kind identifiziert.
- Dis-Identifikation heißt, sich vom Kind, das damals das Opfer war, und vom inneren Kritiker, der Position der übermächtigen Elternfiguren, zu distanzieren.

Eine kleine seelische Einstimmung vor der ersten Begegnung:

Sie erleben einen fiesen Angriff von einem Ihrer inneren Kritiker. Ist es aber nicht absurd, sich von einer Stimme aus der Vergangenheit heute die Meinung sagen zu lassen: »Hey, du Loser, du warst mal wieder hummeldumm, grottenschlecht und saublöd!« Aber ohne dass Sie es wollen, beginnen Sie trotzdem sofort zu reagieren. Indem Sie argumentieren, leugnen, sich rechtfertigen, ihn herausfordern, Erklärungen oder Kompromisse anbieten, verwickeln Sie sich mit dem inneren Kritiker. Sie haben damit sein angebliches Recht, Sie zu verurteilen, akzeptiert und versuchen nur noch, ein günstigeres Urteil zu erwirken – und letztendlich hoffen Sie immer noch, gegen ihn zu siegen. Es ist wirklich schwierig, nicht mehr aus dem Wunsch heraus zu handeln, den Kritiker besiegen zu wollen. Aber wenn Sie sich aus den Verwicklungen mit dem inneren Kritiker lösen wollen, müssen Sie diesen Impuls überwinden.

Bitte geben Sie den Versuch auf,
Ihren inneren Kritiker besiegen zu wollen.
Sie ziehen nur den Kürzeren!

Und noch etwas von Byron Brown über Ihre zu erwartende Seelenlage:

»Sie erinnern sich vielleicht, dass Ihre inneren Angriffe (die Tiraden der Kritiker, J.P.) ursprünglich als Schutzmechanismus gegen starke, schmerzhafte und überwältigende Gefühle (Zurückweisung, Schmerz, Verrat, Schwäche, Hilflosigkeit, Trauer und sogar Freude oder Leidenschaft) entstanden sind. Dadurch, dass Sie sich auf den Richter eingelassen haben, haben Sie aufgehört, sich auf alle diese Gefühle zuzubewegen. Und nun, wo Sie sich aus der Verwicklung zu lösen lernen, sollten Sie sich gewahr sein, dass Sie sich, nachdem die Angriffe aufgehört haben, nicht unbedingt besonders gut fühlen werden. Es kann passieren, dass das ursprüngliche Gefühl, vor dem Ihr Richter Sie schützen wollte, wieder auftaucht. Zum Beispiel kann es sein, dass das Schuldgefühl, das ein Angriff bei Ihnen auslöst, Sie vor der Hilflosigkeit schützen soll, die sich in dem Moment einstellt, in dem Sie sich nicht mehr schuldig fühlen.« (2001/2011, S. 333)

Um den Schmerz der alten Kindheitswunden nicht zu heftig werden zu lassen, wenn der Kritiker seine Schutzfunktion zurückfährt, wollen wir ganz vorsichtig vorgehen.

SCHRITT 1: DIS-IDENTIFIKATION UND KONTAKT ZUM INNEREN KRITIKER

Überprüfen Sie bitte noch einmal, ob Sie noch in der Beobachterposition, in Ihrem erwachsenen Alltags-Selbst sind. Haben Sie den Eindruck, Sie sind mit der Schwäche des Kindanteils oder mit der Stärke des Kritikerteils identifiziert, dann leiten Sie die Dis-Identifikation ein. Erst wenn Sie neutral bis wohlwollend auf die Teile der inneren Bühne schauen können, machen Sie mit Schritt 2 weiter.

Wichtig: Bitte lesen Sie zuerst die nachfolgende Übung und setzen Sie dann meine Vorschläge um, indem Sie die Augen schließen oder den Blick auf einem Punkt vor sich ruhen lassen.

DIS-IDENTIFIKATIONS-ÜBUNG

Bitte schließen Sie kurz die Augen und stellen Sie sich Ihren inneren Kritiker, mit dem Sie arbeiten wollen, als eine Gestalt vor. Am besten keine reale Person, die Sie kennen, besser eine Fantasiegestalt oder eine Figur aus Märchen, Kino, Comic usw. Wie war noch mal seine Lieblingstirade? Okay! Wieder klar vor Ihrem inneren Auge? Gut – weiter. Wie reagiert Ihr Organismus nun auf dieses Bild des inneren Kritikers in Ihrem Kopf? Wie fühlen Sie sich jetzt ihm gegenüber? Klein und richtig verängstigt? Das kann heißen, Sie sind mit dem inneren verletzten Kind hinter dem Kritiker identifiziert, denn nur dieses Kind hat Grund, sich vor seinen ätzenden Reden zu fürchten – nicht Sie, der Erwachsene. Denken Sie an die zwei Seiten der Beziehung des Kritikers zum verletzten Kind: Zum einen erlebt das Kind seine Angriffe als Verletzung und fürchtet sich davor. Zum anderen sind die Angriffe sein kompetenter Versuch, das Kind zu schützen – aber das ist für das Kind schwer zu begreifen.

Bitte versuchen Sie sich den inneren Kritiker vorzustellen und bleiben Sie dabei neutral bis wohlwollend distanziert. Hat es geklappt? Lassen Sie sich Zeit – es braucht etwas Übung und Geduld, in diese neutrale Haltung zu kommen. Versuchen Sie so erwachsen wie möglich zu sein, dann kann Ihnen der innere Kritiker nichts anhaben. Erst wenn Sie das geschafft haben, geht es weiter!

Bitte stellen Sie sich nun das Kind vor, das vom inneren Kritiker geschützt (und angegriffen) wird: Wie sieht es aus, wie ist es gekleidet ...? Bitte bleiben Sie in der Beobachterposition und verwechseln Sie sich nicht mit dem Kind. Sprechen Sie das Kind bitte direkt an und bitten Sie es, einen Schritt zur Seite zu treten. Bringen Sie es an einen Wohlfühlort, an dem das Kind sicher ist.

Bitte fahren Sie erst mit Schritt 2 fort, wenn das Kind am Wohlfühlort versorgt ist.

Eine Übung zum Wohlfühlort finden Sie im Anhang des Buches.

SCHRITT 2: DIE PROTEKTOREN BITTEN, ZUR SEITE ZU TRETEN

Gibt es in Ihnen sehr starke Antipositionen zum inneren Kritiker (ich meine die Stimmen der Protektoren: Verteidiger, Stolz, Rebell und Ankläger)? Dann bitten Sie diese zur Seite zu treten, damit Sie jetzt direkt mit dem inneren Kritiker verhandeln können. Diesen Protektorstimmen signalisieren Sie, dass Sie sie gehört und wahrgenommen haben, aber dass Sie als Erwachsener jetzt mit dem Kritiker verhandeln wollen.

Wenn Sie sicher sind, dass der verletzte Kindanteil nun am Wohlfühlort ist, dann möchte ich, dass Sie noch einmal auf die Gestalt Ihres inneren Kritikers schauen. Können Sie neugierig und etwas wohlwollend dahin schauen? Wenn Sie jetzt Nein gesagt haben, sollten Sie folgende Übung machen.

ÜBUNG ZUR ENTMISCHUNG DER POLARISIERUNG ZWISCHEN KRITIKER UND PROTEKTOREN

Während Sie zum Kritiker hinschauen, bemerken Sie, wie einer aus der Protektoren-Crew nach vorn auf die Bühne kommt und sich kräftig einmischt. Hören Sie sich seine Rede gegen den inneren Kritiker an und bitten Sie ihn dann, zur Seite zu treten, um Ihnen einen direkten Zugang zum Kritiker zu ermöglichen. Damit können Sie möglicherweise einen Weg aushandeln, wie der Kritiker in Zukunft weniger ätzend und verletzend sein muss – das ist ja eigentlich auch ganz im Sinne des Protektors. Wenn der Protektor sich noch nicht kooperativ zeigt, braucht er von Ihnen vielleicht noch etwas Seelenmassage und Wertschätzung für seine unermüdlichen Dienste in Sachen »Innere-Kritiker-Abwehr«. Seine Verdienste sind ja überaus wichtig für Sie, und er und seine Crew haben Ihnen sicher schon öfter in der Vergangenheit geholfen, den inneren Kritiker zu relativieren. Bitte versichern Sie Ihm diese Wertschätzung und bitten Sie ihn dann noch einmal freundlich, zur Seite zu treten. In der Regel macht er das jetzt auch. Danken Sie ihm dafür!

SCHRITT 3: DIE DIREKTE VERHANDLUNG MIT DEM INNEREN KRITIKER

Jetzt ist der Weg frei für eine direkte Kontaktaufnahme mit dem inneren Kritiker.

Bitte schließen Sie die Augen und stellen Sie sich wieder den inneren Kritiker von vorhin vor, mit dem Sie arbeiten wollen. Bitte fragen Sie ihn: »Was bezweckst du damit, mich zu kritisieren und zu verurteilen?«

Lassen Sie sich genau erzählen, warum der Kritiker tut, was er tut, was seine Absicht ist und welche Funktion er im inneren System ausübt. Hören Sie genau hin, fragen Sie nach und versuchen Sie zu verstehen, was seine *gute Absicht* hinter all den gefrorenen Gemeinheiten war, die Sie immer wieder von ihm gehört haben. Wenn Sie wissen, wen und was er schützt, dann ist es Zeit für eine anerkennende Bestätigung und vielleicht ein Dankeschön für die anstrengende Arbeit über all die Jahre – vor allen für ein so kleines Kind, das die Maske des Kritikers trägt.

Und wenn er nicht gewillt ist, Ihnen auf Ihre Frage nach der guten Absicht zu antworten, wenn er Ihnen die kalte Schulter zeigt? Dann fragen Sie ihn bitte: »Was befürchtest du, würde passieren, wenn du mit mir sprechen und meine Fragen beantworten würdest?« Ich kann zwar nicht hellsehen, was Ihr innerer Kritiker sagen wird, aber in 99 Prozent der Fälle kommt jetzt seine Angst, von Ihnen abgeschafft, gekillt und im Orkus entsorgt zu werden. Ist es nicht menschlich verständlich, das Gespräch mit dem vermeintlichen Müllentsorger, den er in Ihnen sieht, zu verweigern?

Jetzt sind Sie wieder gefragt. Ihre Aufgabe ist es nun, dem Kritiker klarzumachen, dass Sie niemanden entsorgen wollen, schon gar nicht den inneren Kritiker. Sie wollen seine Motive verstehen und eine weniger energiefressende und selbstwertbeschädigende Lösung für alle im System finden – dagegen ist doch wohl nichts einzuwenden. Ihr Ziel der Moderation ist es, dass der innere Kritiker sich entspannt und mit Ihnen in einen Dialog auf Augenhöhe eintritt.

Ich erzähle Ihnen jetzt ein Beispiel aus meiner Praxis, damit Sie sehen, wie man so einen Dialog mit dem inneren Kritiker führen kann.

DER FALL PAUL

Der 23-jährige Paul hat im letzten Jahr zwei Ausbildungsstellen bei der Stadt Nürnberg verloren, weil er wiederholt zu spät kam. Dienstbeginn ist 7:30 Uhr und es fällt ihm wahnsinnig schwer, am Morgen aus dem Bett zu kommen und sich auf den Weg zur Arbeit zu machen, obwohl ihm die Tätigkeit an sich gefällt.

Es gibt in Paul eine sehr fordernde, mahnende Stimme des inneren Antreibers: »Los, du fauler Sack, beweg deinen Hintern!« – eine männliche Stimme, die er »Herr Sklaventreiber« nennt. Daneben gibt es stark polarisiert dazu die Stimme eines Protektors – bei Paul ist es ein Rebell oder Verweigerer mit dem Namen »Scheißegal«: »Die können mich alle – ich zeige ihnen den Stinkefinger.« Was ist bisher passiert?

Schritt 1: Paul hat gelernt, die erwachsene Beobachterposition einzunehmen und sich von keinem inneren Selbstanteil vereinnahmen zu lassen, weder von einem inneren verletzten Kind noch vom Kritiker.

Schritt 2: Er hat mit »Scheißegal« gesprochen, seine gute Absicht wertgeschätzt und ihn gebeten, einen Schritt zur Seite zu treten, damit er mit dem inneren Antreiber direkt sprechen kann. Dieser hat zähneknirschend zugestimmt.

Jochen Peichl: Paul, bitte fragen Sie den Antreiber, was er damit bezwecken will, wenn er sagt: »Los, du fauler Sack, beweg deinen Hintern!«

Paul: Er wendet sich ab und redet nicht mit mir. Er wird noch lauter und fordernder!

J.P.: Okay! Bitte fragen Sie ihn, ob er nicht mit uns reden will. Kann er uns nicht vertrauen?

Paul: Das ist ihm völlig schnuppe … Er hat keine Lust, unsere Fragen zu beantworten.

J.P.: So … hm … fragen Sie bitte: Was befürchtet er, würde passieren, wenn er unsere Fragen beantworten würde? Wenn wir ihn besser verstehen könnten?

Paul: Er meint, wir wollen ihn bezirzen und ködern und dann im Müllschlucker entsorgen.

J.P.: Okay, ich kann verstehen, dass er so denkt. Bitte erklären Sie ihm, dass wir keinesfalls die Absicht haben, ihn abzuschaffen. Im Gegenteil, wir glauben, alle Teile im System sind gekommen, um zu helfen. Wir kämpfen auch nicht mit Teilen, sind mit niemandem im Bürgerkrieg. Wir wollen ihre Absichten, ihre Nöte besser verstehen. Im Moment wollen wir einen Kontakt zum Antreiber herstellen und verstehen, warum er das tut, was er tut. Okay?

Paul: Er sagt, es mache ihm Spaß, es sei sein Job, mir in den Hintern zu treten.

J.P.: Fragen Sie bitte, was seine Absicht ist, wenn er Ihnen in den Hintern tritt.

Paul: Er sagt, ich sei eine faule Sau, er mache sich ernsthafte Sorgen um mich, ich hätte schon zwei Ausbildungsstellen verloren und wenn er nicht Druck macht, werde ich bald in der Gosse landen oder unter der Brücke.

J.P.: Ich verstehe … Er macht sich ernsthaft Sorgen. Er möchte nicht, dass Sie alles auf den letzten und allerletzten Drücker machen.

Paul: Ja, er möchte, dass ich die Stelle jetzt behalte, ich bin ja noch in der Probezeit, und es ist so etwas wie meine letzte Chance im öffentlichen Dienst. Wenn meine Chefin mit mir zufrieden ist, hat sie versprochen, mich zu übernehmen.

J.P.: Aha … Ihr Antreiber will Sie also davor schützen, nicht wieder den Ausbildungsplatz zu verlieren, und deshalb treibt er Sie so an und kämpft gegen den Verweigerer.

Paul: Ja, so ist es.

J.P.: Paul, können Sie jetzt die gute Absicht Ihres Antreibers hinter seinen Worten erkennen?

Paul: Ja ... obwohl es sehr schmerzt, was er sagt ... Er hat ja ein bisschen recht ... Manchmal verweigere ich total und verstehe mich in meiner sturen Bockigkeit nicht ... Alles, was mit Ordnung zu tun hat, ist ein rotes Tuch ... Keine Ahnung, warum.

J.P.: Okay ... wollen wir es herausfinden? Wollen wir schauen, wen der Antreiber eigentlich schützt mit seinen Tiraden?

Paul: Ja.

Da nun der Kontakt hergestellt ist, hat sich das innere Betriebsklima zwischen Paul und seinem inneren Antreiber deutlich gebessert.

Wichtig an diesem Punkt der Arbeit ist:

- Der Erwachsene versteht, warum der innere Kritiker tut, was er tut.
- Der Erwachsene kann beginnen, Wertschätzung für die *gute Absicht* des Kritikers zu zeigen.

Wenn das möglich ist, können wir mit dem verletzten Kindanteil weitermachen.

DAS VERLETZTE INNERE KIND IN DIE GEGENWART BRINGEN

Im Beispiel von Paul scheinen sich der innere Antreiber mit dem Satz »Los, du fauler Sack, beweg deinen Hintern!« und der Rebell »Scheißegal« diametral gegenüberzustehen. Eines weiß ich ganz sicher: Beide sind nicht das Problem, sondern die Lösung eines Problems. Hinter alldem muss es mindestens ein verletztes inneres Kind in Paul geben, welches von den beiden Teilen geschützt wird, jeder mit seiner Art des Schützens: der eine fordernd, der andere verweigernd. Letztlich soll beides zum gleichen Resultat führen: Paul soll sich nicht noch einmal blamieren, nicht auf etwas hoffen, was er dann wieder nicht erreichen kann. Um Beschämung zu vermeiden, kann man entweder versuchen, alles richtig zu machen (innerer Antreiber und Perfektionist), oder alles, was mit Leistung zusammenhängt, verweigern und vom Leben nicht mehr erwarten (Rebell und Verweigerer). Und dahinter scheint bei Paul eine große, nicht verheilte Wunde der Beschämung zu klaffen – ein inneres beschämtes Kind, mit einer überwältigenden Erfahrung von vernichtender Scham, die sich im Leben von Paul nie wiederholen darf.

Wie können wir nun mit dem verletzten Kind in uns arbeiten? Erst wenn es ihm besser geht und die Wunde der Vergangenheit ausheilen kann, werden der innere Kritiker und die Protektorengruppe ihr Engagement zurückfahren. Dann betrachten sie ihren Job als erfüllt und können sich gemütlich auf ihr Altenteil zurückziehen.

Was müssen Sie jetzt ganz konkret tun?

Der Erwachsenenteil in Ihnen muss noch mehr dafür sorgen, dass verletzte Anteile im Leben heute nicht mehr getriggert werden. Zum einen sollten Sie lernen, Ihre eigenen Schwächen toleranter zu akzeptieren, sich nicht zu überfordern und rücksichtsvoller mit sich umzugehen – das heißt: sich mehr annehmen, auch mit den eigenen Schwächen, mehr Selbstakzeptanz und auch »Selbst-Beelterung« entwickeln. Das ist das eine. Aber es bedeutet auch: das verletzte Kind von damals, welches für das Gefühl des seelischen Wundseins verantwortlich ist, zu heilen und mit dem Heute zu versöhnen. Wie kann diese Aussöhnung mit unserer verletzten Seite nun genau funktionieren?

Wir schließen die Augen und stellen unser inneres Kind zum Beispiel in einer Szene vor, in der es von Erwachsenen (Eltern, Lehrer, Pfarrer usw.) entwertet wird. Dann machen wir Erwachsenen von heute uns in der Fantasie auf den Weg, an diesen Punkt des Lebens mit einer Zeitmaschine zurückzureisen, um das beschämte Kind an unserer erwachsenen Hand aus der Situation herauszunehmen und in die Gegenwart – das Heute – zu bringen.

Letztlich möchte ich dem Erwachsenen in Ihnen helfen, die Identifikation mit dem verletzten Kind zu lösen und die Szene so zu einem neuen, besseren Ende zu bringen. Hierfür gibt es mehrere Optionen: Zum Beispiel kann der Erwachsene das Kind aus der Szene wie oben beschrieben herausholen und an einen sicheren Ort bringen. Er kann sich gegen den missbräuchlichen Erwachsenen wenden und ihn in seinem Tun stoppen oder dem

Kind einen inneren Helfer zur Verfügung stellen, damit es sich besser wehren kann. Den Möglichkeiten heilsamer Fantasie sind keine Grenzen gesetzt.

Wie das genau funktionieren kann, möchte ich Ihnen weiter am Beispiel von Paul zeigen. Vielleicht fühlen Sie sich dadurch ermutigt, auch einen großen Schritt auf Ihr verletztes inneres Kind zuzugehen.

J.P.: Paul, für mich sieht es so aus, als wollten der innere Antreiber und »Scheißegal« Sie vor einer Erfahrung schützen, die sehr schmerzlich war – jeder auf seine besondere Weise.

Paul: Das Gefühl habe ich mittlerweile auch – als hätte ich Angst, wertlos zu sein und jemand könnte sagen: »Dich brauchen wir nicht, du bist überflüssig.«

J.P.: Ja, genau ... Bitte fragen Sie den inneren Antreiber, ob er einen Teil von Ihnen schützt, der früher als überflüssig, wertlos und peinlich beschimpft wurde.

Paul: Der innere Kritiker sagt Ja – und »Scheißegal« murmelt etwas, was wie eine Zustimmung klingt. Diesen verletzten Teil von mir zu schützen, wäre ihr verdammter Job.

J.P.: Okay – fragen Sie bitte die beiden, ob es in Ordnung ist, dass wir mit dem verletzten Kindanteil sprechen.

Wichtig ist, die Erlaubnis zum Kontakt einzuholen!

Paul: Ja, es ist in Ordnung.

J.P.: Okay ... danke dafür. Paul, wenn Sie noch einmal in dieses Gefühl von Abgelehnt-, Entwertet- und Verlassen-Sein hineingehen, gibt es da ein Bild, welches vor Ihrem inneren Auge auftaucht?

Paul: Ja ... erst ganz undeutlich ... aber jetzt immer klarer: ein sehr verstörter kleiner Junge, ca. zehn bis elf Jahre alt, er heult und sieht ganz unglücklich aus.

J.P.: Was ist mit dem Jungen gerade passiert? Was war da los im elften Lebensjahr des erwachsenen Paul?

Paul: Der kleine Paul hat gerade gehört, dass Papa ausziehen wird und die Eltern sich scheiden lassen.

J.P.: Wie geht es ihm damit?

Paul: Er ist todunglücklich; er glaubt, dass es sicher an ihm liegt, weil der Papa so enttäuscht ist, dass sein Sohn im Sport so versagt hat. Er hatte sich total angestrengt, hatte aber keinen Stammplatz in der Jugendmannschaft des Fußballvereins bekommen, in der Papa als Trainer für die Frauenmannschaft arbeitet. Sein Papa hat zu ihm gesagt: »Du bist eine Null – auf so einen Loser als Sohn kann ich verzichten.«

J.P.: Paul, wenn Sie das noch einmal so hören und mitkriegen, wie enttäuscht und verängstigt der kleine Paul ist, wie fühlen Sie sich diesem inneren Kind jetzt gegenüber?

Paul: Ich möchte hingehen und den Kleinen in den Arm nehmen. Dem Vater würde ich sagen, er ist ein Depp und es ist unmöglich, so mit seinem Sohn zu reden. Ich würde mich schützend zwischen den kleinen Paul und seinen Vater stellen.

J.P.: Okay ... tun Sie das. Vielleicht können Sie dem kleinen Paul auch sagen, dass er keine Schuld daran trägt, dass die Eltern sich scheiden lassen. Das ist ganz die Sache der Erwachsenen.

Paul: Er beginnt sich zu beruhigen.

J.P.: Bitte sagen Sie ihm, dass er es nicht verdient hat, so von seinem Vater behandelt zu werden. Er war immer gut im Sport, hat alles gegeben, um im Fußball Anerkennung zu bekommen, aber es hat halt in dem Jahr nicht geklappt. Dafür hatte er Spaß beim Tennis, war in der Schule gut und bei seinen Freunden ist er beliebt. Zeigen Sie ihm die Wertschätzung, die er verdient hat, und erzählen Sie ihm von Ihrem Leben heute und dem, was Sie alles erreicht haben. Sie sind seine Zukunft und

Sie sind aus der Zukunft, von heute ins elfte Lebensjahr zurückgereist, um ihm zu sagen: »Es wird alles gut! Ich mag dich!«

Paul: Er beginnt sich zu entspannen und ich verspreche ihm, ich werde ab jetzt alles tun, damit er in Zukunft sicher ist.

J.P.: Okay ... dann laden Sie ihn ein, mit Ihnen ins Hier und Jetzt zu kommen.

So könnte es gehen. Jetzt sind Sie dran, für Ihr verletztes inneres Kind eine Lösung zu finden, damit es endlich in Sicherheit ist. Vernetzen Sie die Hilflosigkeitssituation der Vergangenheit mit der ressourcenvollen Gegenwart – mit Ihren Möglichkeiten, das kindliche Problem von damals heute erwachsen zu lösen. Sie sind kein Kind mehr. Sie sind nicht mehr abhängig von denen, die es nicht gut mit Ihnen meinen. Diesem verletzten kindlichen Selbst gebührt ein Platz in Ihrem Herzen und die Wertschätzung dafür, wie schwer das damals alles war. Heute sind Sie erwachsen und in der Lage, neue kreative Lösungen für anstehende Probleme zu finden.

NACHWORT

Ich hoffe, Sie sind mir gerne bis zu diesem Punkt im Buch gefolgt. Vielleicht haben Sie ja auch etwas Neues für sich und Ihre Mitmenschen gelernt. Ich würde mich sehr freuen, wenn Sie nun Ihrem ewigen Miesepeter, Bedenkenträger, Besserwisser und inneren Kritiker etwas anders gegenübertreten könnten. Bitte behalten Sie Ihr intuitives Bauchgefühl und Ihre meist ganz gesunde Selbstkritik, aber schauen Sie dem ewigen Nörgler tief in die Augen, wenn er wieder so undifferenziert, entmutigend und vor allem mäkelig daherkommt, und sagen Sie sich dann: »Schon recht – ich weiß ja, dass du es gut meinst, aber ich habe gelernt, heute gut für mich selbst zu sorgen.« Er muss ja nicht Ihr bester Freund werden, aber eine Position als ernsthafter Gesprächspartner oder Sicherheitsberater im täglichen Überlebenskampf wäre doch denkbar – oder?

Schon Walt Disney hat einmal gesagt, dass bei jedem Projekt ein Träumer oder Visionär, ein Realisierer und ein Kritiker beteiligt sein muss. Nur so kann es gelingen.

ANHANG

DER WOHLFÜHLORT

Ich möchte Ihnen eine Übung vorstellen, die mir immer wieder geholfen hat, zur inneren Ruhe zu kommen und meine verletzten Kindanteile zu bergen.

Suchen Sie sich einen ruhigen Platz, an dem Sie sicher sind und sich wohlfühlen, und lesen Sie sich aufmerksam und langsam diesen Text selbst vor – wie eine beruhigende Geschichte, die eine gute Mutter, ein guter Vater erzählt.

Wenn du jetzt zur inneren Ruhe kommen willst, dann kann es sehr hilfreich sein, sich vorzustellen, dass es einen Ort in dir gibt, an dem du dich sehr wohlfühlen kannst und an dem du dich vollkommen sicher fühlst. Ich nenne diesen Ort deinen inneren »Wohlfühlort«. Dieser Ort kann auf der Erde sein, aber er muss es nicht. Er kann in deiner Vorstellung überall sein, auf einem fernen Planeten, tief unter Wasser oder gleich nebenan. Es kann ein realer Ort sein, an dem du schon einmal warst, oder ein Ort der Fantasie. Ich möchte dich dazu einladen, jetzt in deiner Vorstellung an diesen Ort zu gehen. Wichtig dabei ist, dass du dich in eine entspannte Position begibst – du kannst sitzen, stehen oder liegen. Und wenn du möchtest, kannst du auch herumwandern.

Stell dir nun vor deinem inneren Auge vor, wie dieser Ort aussieht. Wichtig ist, dass es ein Ort ist, an dem du dich völlig geborgen fühlst. Lass dir dabei genügend Zeit und verändere alles, was du siehst, so lange, bis es nur gut für dich ist. Deine Vorstellungskraft ist eine Art Zauberkraft, der keine Grenzen gesetzt sind. Du kannst alles so gestalten, wie du es gerne hättest.

Geh auch die anderen Sinnesqualitäten durch. Überprüfe, ob das, was du hörst, riechst und schmeckst, nur angenehm für dich ist. Verändere alles so lange, bis du nur noch angenehme Klänge hörst, es angenehm riecht und du köstlich schmeckst. Ist die Temperatur passend, ist das Licht an dem Ort angenehm? Entspricht sie deinen Bedürfnissen? Wenn nicht, dann verändere sie, bis alles angenehm ist.

Wenn du möchtest, kannst du diesem Ort eine Begrenzung geben, damit du die Gewissheit hast, dass du die volle Kontrolle darüber hast, welche Wesen an diesen Ort gelangen können. Du kannst dir alles vorstellen, um deinen Ort des Wohlfühlens sicher zu machen. Es kann aber auch ein Ort ohne Grenzen sein. Entscheide also, ob du eine Grenze brauchst oder nicht.

Prüf noch einmal, ob an deinem Wohlfühlort alles stimmig ist, und dann lass ihn noch einmal auf dich wirken. Fühle, wie es dir guttut, da zu sein und dich in Sicherheit zu fühlen.

Nimm dir noch einen Moment Zeit, diesen Wohlfühlort noch einmal auf dich wirken zu lassen, und komm anschließend wieder ins Hier und Jetzt zurück.

TEST: IHRE INNEREN KRITIKER

Bitte lesen Sie die Fragen durch, entscheiden Sie sich spontan für einen Wert in der siebenstufigen Bewertungsskala und notieren Sie den Wert hinter der jeweiligen Frage. Den Fragebogen gibt es kostenlos auch als Download über: www.koesel.de/peichl

1	2	3	4	5	6	7
trifft gar nicht zu			teils/teils			trifft voll zu

1. Es fällt mir schwer zu glauben, dass ich liebenswert bin. .....

2. Ich setze mir für mich selbst hohe Normen. .....

3. Ich fühle mich schrecklich, wenn ich aus der Kontrolle gerate. .....

4. Ich zwinge mich hart zu arbeiten, um meine selbst gesteckten Ziele zu erreichen. .....

5. Ich kann mir nur schwer vergeben, wenn mir etwas misslungen ist. .....

6. Ich weiß genau, wie ich sein sollte, und ich bin oft streng mit mir, wenn ich anders bin. .....

7. Ich mache mich fertig, wenn ich einen Fehler mache. .....

8. Anderen gegenüber zeige ich meine Schwäche nicht gerne. .....

9. All die Dinge, die ich zu tun habe, nehmen kein Ende. .....

10. Ich muss mich ständig mit anderen vergleichen. .....

11. Es fällt mir schwer, Gefühle zu zeigen. .....

12. Es geht mir schlecht damit, wenn ich mich nicht so verhalte, wie ich es in meiner Kindheit beigebracht bekommen habe. .....

13. Ich bin ständig auf Trab. .....

14. Ich tue Leuten manchmal Dinge an, für die ich mich dann furchtbar schuldig fühle. .....

15. Ich werde ängstlich und selbstkritisch, wenn die Dinge nicht so werden, wie ich es will. .....

16. Ich habe eher eine harte Schale, aber einen weichen Kern. .....

17. Wenn ich einen Wunsch habe, erfülle ich ihn mir schnell. .....

18. Ich fühle mich beschämt, wenn ich die Erwartungen der anderen nicht erfülle. .....

19. Ich fühle mich manchmal schmutzig und voller Schuld. .....

20. Ich verwende mehr Zeit als nötig auf Projekte, um die Dinge so gut wie möglich zu machen. .....

21. Noch Tage nach einem unschönen Ereignis empfinde ich bleibende Peinlichkeit. .....

22. Ich löse meine Probleme selbst. .....

23. Ich fühle mich verantwortlich dafür, dass sich andere wohlfühlen. .....

24. Für dumme Fehler habe ich wenig Verständnis. .....

25. Ich habe das quälende Gefühl, dass ich nicht attraktiv genug bin. .....

26. Leute, die »herumtrödeln«, regen mich auf. .....

27. Ich bin anderen gegenüber oft hart, um von ihnen nicht verletzt zu werden. .....

28. Ich verdiene nicht, geliebt zu werden und glücklich zu sein. .....

29. Ich fühle mich schlecht, weil ich es nicht schaffe, so zu sein, wie es meine Familie oder meine Umgebung erwartet. .....

30. Ich bin zu dumm, um bestimmte Aufgaben zu bewältigen. .....

31. Wann immer ich eine Arbeit mache, mache ich sie gründlich. .....

32. Ich fühle mich schuldig dafür, dass ich zu faul bin, es im Leben zu etwas zu bringen. .....

33. Ich tue mich schwer, Verständnis, Aufmerksamkeit und Wertschätzung bei anderen zu finden. .....

34. Ich sage oft mehr, als eigentlich nötig wäre. .....

35. Ich habe Mühe, Leute zu akzeptieren, die nicht genau sind. .....

36. Es kostet mich viel Anstrengung, mein impulsives Verhalten zu kontrollieren. .....

37. Ich glaube, ich müsste mich von Grund auf ändern. .....

38. Beim Telefonieren erledige ich oft noch andere wichtige Dinge. .....

39. Es ist wichtig für mich, von anderen akzeptiert zu werden. .....

40. Wenn ich eine Meinung äußere, begründe ich sie auch. .....

41. Manchmal denke ich, es wäre besser, es gäbe mich gar nicht. .....

42. Ich versuche oft herauszufinden, was andere von mir erwarten, um mich danach zu richten. .....

43. Bei Diskussionen unterbreche ich oft, weil es mir nicht schnell genug geht. .....

44. So schnell kann mich nichts erschüttern. .....

45. Es ist mir wichtig, von anderen zu erfahren, ob ich meine Sache gut gemacht habe. .....

46. Eine innere Stimme kritisiert genau meine Schwachpunkte und macht mir Vorschriften, was ich tun und lassen soll. .....

47. Ich liefere erst eine Arbeit ab (zum Beispiel einen Bericht), wenn ich ihn mehrfach überarbeitet habe. .....

48. Aufgaben erledige ich möglichst rasch. .....

49. Trotz großer Anstrengungen will mir vieles nicht gelingen. .....

50. Ich sollte viele Aufgaben noch besser erledigen. .....

51. Ich stelle meine Wünsche und Bedürfnisse zugunsten anderer Personen zurück. .....

52. Es gibt zügellose Teile in mir, die mein Verhalten steuern und mich in Probleme stürzen, für die ich mich dann bestrafe. .....

53. Ich schätze es, wenn andere auf meine Fragen rasch und bündig antworten. .....

54. Ich kümmere mich persönlich auch um nebensächliche Dinge. .....

55. Ich versuche, die an mich gestellten Erwartungen zu übertreffen. .....

56. Ich sage oft: »Mach mal vorwärts ... los, los.«. .....

57. Meine Probleme gehen die anderen nichts an. .....

58. Bei Diskussionen nicke ich häufig mit dem Kopf. .....

59. Ich strenge mich sehr an, um meine Tendenz zu überwinden, Dinge zu vermeiden. .....

60. Beim Erklären von Sachverhalten verwende ich gern die klare Aufzählung: Erstens ..., zweitens ..., drittens ... .

61. Ich sage normalerweise eher »Könnten Sie es nicht einmal versuchen?« als »Versuchen Sie es einmal«. .....

62. Ich schäme mich für einige meiner Verhaltensweisen. .....

63. Ich trommle oft ungeduldig mit den Fingern auf den Tisch. .....

64. Ich bin diplomatisch. .....

65. Mein Gesichtsausdruck ist eher ernst. .....

66. »Auf die Zähne beißen« heißt meine Devise. .....

67. Ich bin nervös. .....

68. Ich sage oft: »Genau«, »exakt«, »klar«, »logisch«. .....

69. Ich denke oft: »Du solltest ...«. .....

70. Es ist mir unangenehm, andere Leute zu kritisieren. .....

AUSWERTUNG

Ordnen Sie die Fragen den einzelnen Kritikern zu (die Fragen 3, 8, 11 usw. beziehen sich zum Beispiel auf den Kontrolleur) und übertragen Sie dann bitte Ihre Punktzahl für jede entsprechende Frage in die Zeile »Werte« in den folgenden Auswertungsschlüsseln. Zählen Sie dann die Werte jeder Reihe zusammen.

Der Kontrolleur (»Hab dich besser im Griff!«) Summe: ....

Frage	3	8	11	16	22	24	27
Wert							
Frage	36	44	49	52	57	62	66
Wert							

Der Perfektionist (»Sei immer perfekt!«) Summe: ....

Frage	2	7	15	20	31	35	40
Wert							
Frage	47	50	54	60	65	68	70
Wert							

Der Antreiber (»Mach schneller!«) Summe: . . . .

Frage	4	9	13	17	26	32	38
Wert							
Frage	43	48	53	56	59	63	67
Wert							

Der Allen-Rechtmacher (»Richte dich nach den anderen!«)

Summe: . . . .

Frage	6	12	18	23	29	34	39
Wert							
Frage	42	45	51	55	58	61	64
Wert							

Der Be- und Verurteiler (»Du bist minderwertig!«)

Summe: . . . .

Frage	1	5	10	14	19	21	25
Wert							
Frage	28	30	33	37	41	46	69
Wert							

Tragen Sie nun den Summenwert für die einzelnen Kritiker in der folgenden Tabelle ein und verschaffen Sie sich so einen Überblick über Ihre Hauptakteure. Der minimale Wert eines Kritikers ist 14 Punkte, der maximale Wert liegt bei 98 Punkten.

Innere Kritiker	Ihr Summenwert
Perfektionist	
Antreiber	
Kontrolleur	
Allen-Rechtmacher	
Be- und Verurteiler	

DIE BOTSCHAFTEN MEINER INNEREN KRITIKER

Mein innerer Kontrolleur sagt:

Mein innerer Perfektionist sagt:

Mein innerer Antreiber sagt:

Mein innerer Allen-Rechtmacher sagt:

Mein innerer Be- und Verurteiler sagt:

ANMERKUNGEN

1 Inspiriert durch www.stille-wasser-in-kassel.de/stille-wasser/materialien/der-innere-kritiker.html.

2 Glaubenssätze sind tief verankerte Annahmen über uns selbst und die Welt um uns herum.

3 Anthropozentrisch bedeutet, dass der Mensch sich selbst als den Mittelpunkt der weltlichen Realität versteht.

4 Sehr empfehlenswert ist dazu der Film *Der Prozess* von Orson Welles mit Anthony Perkins, Romy Schneider und Jeanne Moreau.

5 Plötzlich hochschießende Angst als Signal, dass etwas Gefährliches droht.

6 OFC = das Stirnhirn; seine Funktion: Emotionskontrolle, Impulskontrolle, (soziale) Anpassung.

7 Der Gyrus cinguli ist Teil des limbischen Systems; seine Funktion: unter anderem Fehlermeldung, Risiko- und Konfliktmanagement, Reaktionsinhibition, kognitive Kontrolle, Anpassung, Mentalisierung.

8 Wie so alles im Leben: Diese Geschichte ist ein bisschen wahr und ein bisschen nicht wahr.

9 Milton Hyland Erickson war ein amerikanischer Psychiater und Psychotherapeut, der die moderne Hypnose und Hypnotherapie maßgeblich prägte und ihren Einsatz in der Psychotherapie förderte. (Wikipedia)

10 Vortrag in Heidelberg bei der »Teile-Therapie-Tagung« 2011.

11 Restriktionen sind im hypnosystemischen Verständnis nicht veränderbare Tatsachen.

12 Spiegelneuronen sind ein Resonanzsystem im Gehirn, das Gefühle und Stimmungen anderer Menschen beim Empfänger zum Erklingen bringt. Dass wir empfinden, was andere empfinden, egal, ob es nun Mitleid, Trauer oder Freude ist, verdanken wir diesen Nervenzellen in unserem Hirn. Erst sie machen uns zu einem sozialen, mitfühlenden Wesen.

13 Die bislang vorbewusste Erinnerung an den zwölfjährigen Jochen mit dem Gedichtfragment »Der Mond ist aufgegangen« schien meine Befürchtungen zu bestätigen.

14 Wenn du ihn nicht schlagen kannst, musst du dich mit ihm verbünden!

LITERATURHINWEISE

Literatur, die mich inspiriert und die mir geholfen hat, dieses Buch zu schreiben:

Boon, Suzette; Steele, Kathy; van der Hart, Onno (2013): *Traumabedingte Dissoziation bewältigen. Ein Skills-Training für Klienten und ihre Therapeuten,* Paderborn: Junfermann

Brown, Byron (2001): *Befreiung vom inneren Richter. Die Intelligenz der Seele erkennen,* Bielefeld: J. Kamphausen, 7. Aufl. 2011

Diesbrock, Tom (2013): *Hermann! Vom klugen Umgang mit dem inneren Kritiker,* Freiburg: Herder

Earley, Jay; Weiss, Bonnie (2010): *Self-Therapy for Your Inner Critic. Transforming Self-Criticism into Self-Confidence,* Larkspur, CA: Pattern System Books

Peichl, Jochen (2013): *Innere Kritiker, Verfolger und Zerstörer. Ein Praxishandbuch für die Arbeit mit Täterintrojekten,* Stuttgart: Klett-Cotta, 6. Aufl. 2021

Peichl, Jochen (2010/2022): *Jedes Ich ist viele Teile. Die inneren Selbst-Anteile als Ressource nutzen,* München: Kösel

Schmidt, Gunther (2004): *Liebesaffären zwischen Problem und Lösung. Hypnosystemisches Arbeiten in schwierigen Kontexten,* Heidelberg: Carl Auer, 10. Aufl. 2023

Stahl, Stefanie (2015): *Das Kind in dir muss Heimat finden. Der Schlüssel zur Lösung (fast) aller Probleme.* München: Kailash, 41. Aufl. 2023

Wolinsky, Stephen (1995): *Die dunkle Seite des inneren Kindes. Der nächste Schritt in der Quantenpsychologie*, Stuttgart: Lüchow